立人天地

军事
国家的骨骼

殷崇高

著

人类是一棵树，战争开花，和平结果

黑龙江教育出版社

图书在版编目（CIP）数据

军事，国家的骨骼 / 殷崇高著. --哈尔滨：黑龙江
教育出版社，2014.3
ISBN 978-7-5316-7349-1

Ⅰ.①军… Ⅱ.①殷… Ⅲ.①军事史－中国－青少年读物
Ⅳ.①E29-49

中国版本图书馆CIP数据核字（2014）第059141号

军事，国家的骨骼
JUNSHI，GUOJIA DE GUGE

作　　　者	殷崇高
选 题 策 划	彭剑飞
责 任 编 辑	宋舒白　彭剑飞
装 帧 设 计	琥珀视觉
责 任 校 对	周维继

出版发行	黑龙江教育出版社（哈尔滨市南岗区花园街 158 号）
印　　刷	北京彩晔彩色印刷有限公司
新浪微博	http://weibo.com/longjiaoshe
公众微信	heilongjiangjiaoyu
E－mail	heilongjiangjiaoyu@126.com

开　　本	700×1000　1/16
印　　张	14.75
字　　数	171千字
版　　次	2014年7月第1版　2020年1月第2次印刷
书　　号	ISBN 978-7-5316-7349-1
定　　价	28.00元

前 言|PREFACE

自从有了人类，就有了战争。

如果人类是一棵树，战争与和平是树的果，那么，战争是最早成熟的，而和平却是成熟较晚的。

人类的活动，多种多样，十分花哨，战争只是其中的一种。它是一个特殊的活动领域，以互相残杀为"特色"，野蛮与文明并行，粗暴与进步交错。

由于战争最为绵长，贯穿了整个人类史，所以，战争对社会的影响，远远超过了其他人类活动；战争在历史中，比重最大。

在历史进程中，战争偶尔是"省略号"；更多的时候，战争是"逗号"，从无终结，永恒持续，没有长时间的停顿；战争，永无"句号"。

正是因此，战争创造了文明，也被文明所影响。

从洪荒时代开始，人类世界中，便有了血亲复仇，便有了炎黄二帝逐鹿中原。

接着，在夏朝，出现了世界上第一场跨国间谍战。有声有色，惊心动魄。

在商朝，女兵又出现了。她们冲锋在旷野上、荆棘中，红艳芳菲，勇武非凡。

神秘莫测的军阵，也已经成熟："索阵"是用来进剿的；"囚逆阵"是用来疲敌的；"云阵"是用来射弩的；"赢阵"是用来围困的；"阖燧阵"是用来歼杀前锋的；"皮傅阵"是用来打击援军的；"错行阵"是用来声张军威的；"刲阵"是用来攻克高陵的；"雁行阵"是用来对抗荆棘山道上的敌人的；"锥形之阵"是用来火烧粮草的……

在看似落后的古代，先进的军事谋略，有如串珠，层出不穷，连缀不断。

到了春秋战国，已经有了经济战、心理战、水战、地形战、情报战；有了世界上最早的情报武官；还有了世界上第一个遥感窃听器——地听。

秦汉时，全球第一场总体战出现了；在山野中，还有游击战；在大漠里，还有闪电战。

南北朝时，信息战横空出世了，极其时尚，分外可人。

唐朝时，古人竟然进行了两栖登陆战。而且，在那个遥远的时代，地道战已被发明了。

宋朝时，正规的军事密码默默诞生，为密码学掀开了第一页。

明朝时，世界上最早的独立枪炮部队出现了，并发起了抗日援朝战争。

历史上，一共发生过4次援朝战争，有3次是抗日援朝：唐朝抗日援朝、明朝抗日援朝、清朝抗日援朝。其中，以明朝抗日援朝的战果最为辉煌。明军在取得胜利后的300年间，日本倭寇瑟瑟然，再也不敢西望。

中国古代军事迷离，神奇，机巧，望之怅然，析之入胜。

军事于当下，也并非毫无用处。

首先，军事中，激荡着历史的流云，浮泛着文明的涟漪。洞悉军事史，可凝视人类本身，解剖社会肌理，从而更深刻地认识生存的意义。

其次，军事中，"埋伏着"战争规律，深藏着战斗指导。深察军事史，可防患于未然，有的放矢地备战、遏战、胜战。

军事不同于其他科学，战争不能"实验"。因为它发生在鲜血四溅的战场上，可人们不可能为验证某个军事思想，而发动一场战争。因此，古代军事史便是一个现成的"实验室"，走进去，乾坤无限，洞天别有。

殷崇高

目 录|CONTENTS

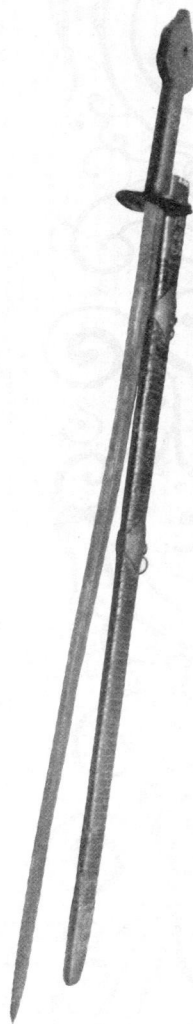

第一章

苍莽的夏商军事

夏朝第一次出现了常备军，标志着军队正式成为了国家机器的一部分；军事间谍非常活跃，标志着情报战诞生了。商朝的军队分为左军、中军、右军，"三军"之名便是由此而来的。车战，是当时最主要的作战方式，也是最豪华的。战车在当时的地位，类似于现在的坦克。

◎咬牙切齿的血亲复仇

在幽深的原始丛林里，一群原始人正在采集野果。他们在树枝上荡来荡去，就像灵活的猴子；有的人还在草丛里翻寻掉落的成熟果子。

突然，透过林间的光影缭乱起来，只听到拂动草叶的唰唰声——是另一伙原始人闯过来了。他们想夺取这片林子，将其作为自己的采集地。

先来者不肯相让，后来者偏要夺取，两拨人就这样纠缠、撕扯、扭打起来。

先来者人多力量大，一会儿工夫，便获得了胜利，后来者遍体鳞伤地退走了。

这样的情形，经常发生在原始人中间。随着人类的繁衍，部落的出现，原始人之间的矛盾更多了，摩擦更频繁了，无论是为了争夺食物，还是为了抢占地盘、抢夺配偶，他们都会发生打斗，打斗的规模也越来越大。

有这么一天，一个壮实的原始人，侵犯了另一个部落的男子。这名男子的身体受了伤，回到部落后，引起了整个部落的关注。

▼原始人磨制的石弹、石球、陶球

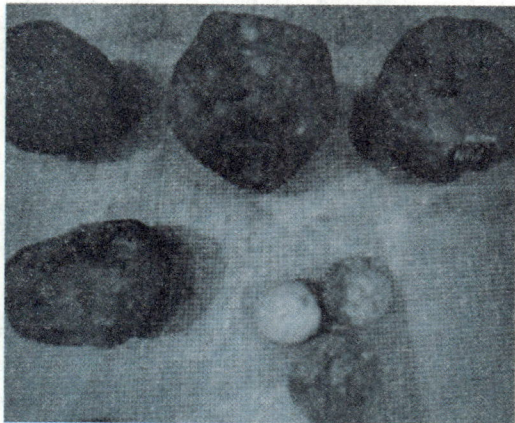

在远古，家族血缘关系是最主要的社会关系，家族利益高于一切。所以，他们集体愤怒起来，决心要去找那个壮实的原始人算账。

一场血腥的大规模打斗就这样开始了。

他们都是部落成员，没有军队，没有专门的武器，只捏着用来狩猎的石器，或扛着木棍，便出发了。有一个人还拿着他制作的简陋弓箭。

到了那个壮实人的部落，他们吱吱哇哇地控诉了一通后，便展开了攻击。

双方都隔着很远的距离，互相抛掷石头、削尖的木棒。那个拉弓射箭的人，很有杀伤力，因为他的箭是用竹木制成的，箭头装上了打磨锋利的石器，射出去时，就像疾速的子弹。

在远距离作战之后，一会儿，他们互相靠近了，开始进行近距离的搏杀。

这是非常残酷的打斗，它决定最终的输赢。在这个时候，竹剑、木棍、长矛、石斧，都是致命的武器，甚至于连牙齿，也都派上了用场。

每个人都咬牙切齿，一切目的都是要将对方置于死地。

原始人的武器虽然很落后，但同样能造成巨大伤亡，有时候甚至能导致一方全体阵亡。不过，这一次的打斗，没到这样惨烈的地步，当壮实人的部落退却后，打斗就结束了。

这种打斗，是出于报仇而引发的。它不是真正的战争，只是一种复仇行为，即血亲复仇。

但它又是战争的雏形。

各部落为了更好地生存，开始以血缘关系为纽带，把几个部落团结起来，形成部落联盟后，由于部落联盟之间的冲突更大，单纯的仇杀就演变成了仇杀与争夺战并存的战斗。之后，真正的战争便来临了。

▲原始人制作兵器复原图

扩展阅读

　　文献中记载的第一次战争，发生在公元前30世纪左右，神农氏部落为扩大地盘，攻打斧燧氏部落。斧燧氏不屈，不降，在饥饿的状态下作战，但因人少而失败。

◎野草丛里的作战大动员

尧是部落联盟的首领，他实行了禅让制，把首领之位禅让给了舜；舜后来又把首领之位禅让给了禹。禹呢？他也打算禅让吗？

禹当众表示，将来他要把位置禅让给伯益。伯益是跟随禹治水的功臣。

可是，禹却在暗地里扶植自己的儿子启。

结果，禹一死，启和伯益就展开了争夺继承权的斗争。一开始，启处于下风，被伯益捉住，拘禁起来。可是，启毕竟是禹的后代，有很多支持者，他又被释放出来，并在支持者的帮助下，打败了伯益，把他杀死，取得了首领之位。

就这样，禅让制被世袭制取代了。

启成为有文献记载的第一代帝王。从这一刻开始，原始社会结束了，奴隶社会到来了。

可是，启杀掉伯益、破坏禅让制的做法，引起了一些部落首领的不满。其中，反对最强烈的是有扈氏。

一日，启在钧台宴请各个部落首领，以宣告天下，巩固统治。但有扈氏拒绝参加。

有扈氏甚至公开表示，启破坏了禅让制，是不义之举。

启大怒，发誓要讨伐有扈氏。

他召集来军队，要对将士们进行一番战前总动员。

在空旷的荒野中，大片的野草又深又密，启大声豪气地说："有扈氏藐视五行，无视历法，我奉上天的旨意，要对他们进行惩罚。大

▼神奇的五行文字

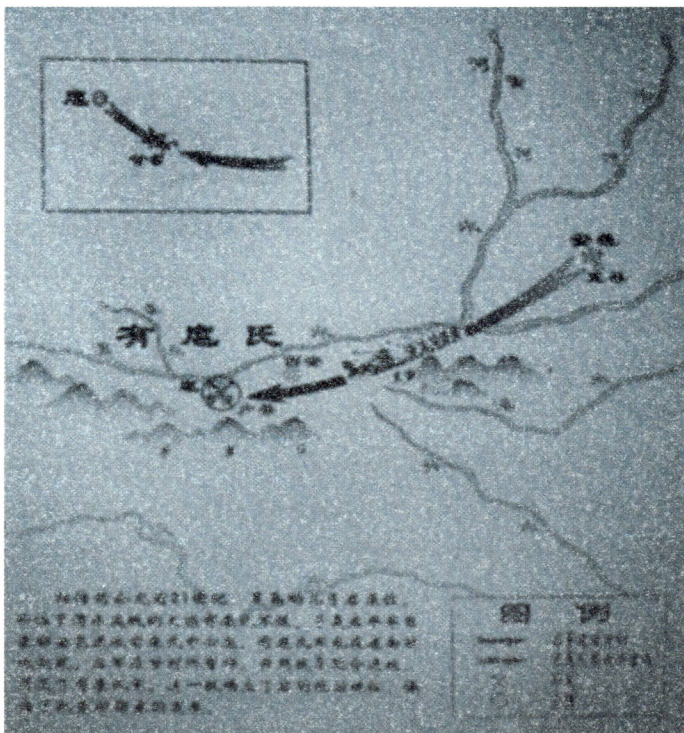

家必须顺应天意，诛杀敌人。如果战车左边的兵士不用箭射杀敌人，战车右边的兵士不用矛刺杀敌人，驾车的兵士不认真驾车，就表示，你们不奉行我的命令。服从命令的人，我加倍赏赐；不服从命令的人，将受到严惩，轻者降为奴隶，重者处死！"

启的声音，回荡在草野间。

之后，大军便出发了。

在甘泽，启遭遇了有扈氏，激烈的战斗随即开始。

启的战前动员发挥了作用。兵士们一想到不奋力拼杀，就有可能成为奴隶或者被处死，马上虎虎生风地一边叫喊一边砍杀。

有扈氏在这种凶猛的冲击下，抵挡不住，损兵折将，落荒而逃。

启在战前进行动员，宣布了军事纪律，严格要求兵士奉行命令，各司其职，还利用奖惩制度来激发部下的作战积极性，这在当时是非常先进的，具有进步的军事意义。

甘之战是民主禅让制与专制世袭制的较量，它是一个具有重要意义的历史转折之战，它也为军事史掀开了崭新的一页。

> **扩展阅读**
>
> 夏朝有一次著名的军事偷袭：夏朝第三代王太康沉溺于狩猎，引起臣民不满。有穷氏部落首领后羿趁太康打猎数月不归时，直捣都城，太康回来一看，已改朝换代。

◎第一场跨国间谍战

商是夏朝的一个诸侯国，君主是汤。汤看到夏朝天子桀昏庸无道，便想征讨他。

汤征求丞相伊尹的意见。伊尹赞同，并表示，要亲自到夏朝都城斟寻探听消息，收集军事情报。

汤听了，非常高兴，同意了。

没过几天，突然发生了一件事。伊尹去见汤，刚走进宫殿，便见汤与一女子厮混。伊尹很气愤，隔着一段距离大声指责，批评汤不以国家大事为重，却沉溺于女色，实在不像话！

汤被伊尹的"吆喝"吓了一跳，恼羞成怒，命令伊尹走开。

伊尹不但不走，还继续指责。汤羞愧难当，情急之下，拿起弓箭就射伊尹。

伊尹闪避，向外逃去。汤紧追过去，又开弓射箭，伊尹躲闪不及，被箭镞擦伤了。

伊尹情知难以回家，便朝夏都斟寻逃去。

其实，这是汤和伊尹安排好的一场戏。因为伊尹要离开商，必须要有个原因，为了不让桀王怀疑伊尹，便想出了这个"苦肉"之计。

此后，军事史上所有的苦肉计、反间计，都是出自这里。

伊尹到了斟寻后，先在一个小酒铺里做工。他是庖丁出身，做得一手好菜，于是，不断被推荐到权贵那里。这些权贵与国家军政有着密切关系，伊尹便由此开始了他的间谍生涯。

间谍，是秘密窃取军事等情报为国家服务的人。那么，从事这种秘密工作的人，为什么要叫间谍呢？原来，早期

的"间"，写作"闲"，因为有门，门有缝，月光可通过门缝照进去，而"间"的意思是指门缝，门缝又指缝隙，有了缝隙就有空子可钻，因此叫"间谍"。

间谍还有其他别称，如细作、斥候、奸细、探子、特工、特务等。古代称间谍为"细作"。"细"的意思是微小，地位低下的人叫"细人"，普通民众叫"细民"；"作"指事情、事业，间谍所从事的工作，不能明目张胆，只能秘密地进行，甚至像小偷一样偷偷摸摸，所以叫"细作"。

▲鸣条之战示意图

伊尹从事间谍工作后，笼络了很多人，打通了各种途径，获取了夏王朝很多军事机密。

他一直潜伏了3年。3年后，他已为商伐夏做好了充分的准备。

返回商后，他将情报汇报给汤，汤很感动。二人开始策划伐夏计划。

但另一个问题出现了——在商的都城亳，与夏的都城斟寻之间，道路崎岖复杂，横亘着大江，耸立着高山，地势陡峭，很难翻越；如果从平坦的路途上进军，又会绕很大一圈，不仅费时费力，还会被桀王发现。

怎样才能找到一条合适的道路呢？

伊尹经过深思熟虑后，决定再次潜往夏都斟寻。这一次，他打算从桀王的妃子末喜那里打探出合适的进军路线。

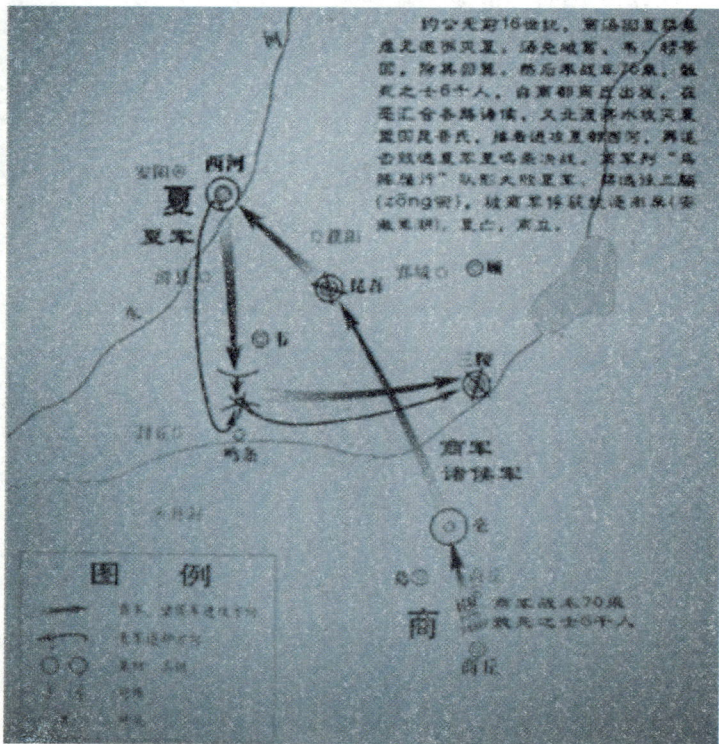

末喜非常美貌，桀王在批阅政事时，也总是把末喜抱在膝上，有时甚至还听取末喜的意见。因此，末喜掌握大量国家机密。不过，桀王用情不专，当他有了新宠后，就把末喜冷落了。末喜常常表现出不满情绪。伊尹了解了这些情况，决定收买末喜，让她来作为自己的内线。

当伊尹再次来到斟寻时，末喜已经彻底失宠，被迁居到洛水河畔。

伊尹带上许多金银珠宝来见末喜，末喜很高兴。随着接触的增多，末喜对伊尹逐渐信任起来，并与之合作。

末喜虽然失宠，但仍是正妃身份，宫中有很多侍从。伊尹来见时，她既不能屏退侍从，又要透露给他情报，这显得很难办。

思来想去，他们有了一个主意：使用暗语、典故来传递信息。比如，借物说事，或者打谐音等。

末喜伴随桀王多年，对政治颇有见解，她又了解桀王的性情，因此，每次提供给伊尹的信息都很有价值。

有一天，末喜对伊尹说："夜来总是做梦，梦见天子对我说，西方有太阳，东方也有太阳，两个太阳互相打斗，结果西方的太阳胜了，东方的太阳败了。"

听起来，这是一句很常见的话，因而，侍从们都不在意。其实，里面却暗藏玄机。

"西方的太阳"，是指位于西边的夏都斟寻；"东方的太阳"，是指位于东边的亳；"两个太阳相互打斗"，是指商和夏的战斗；"西方的太阳胜了"，是指如果从西边进军攻打，就能胜利；"东方的太阳败了"，是指如果从东边进军攻打，就会失败。

这实际上是在告诉伊尹，斟寻东部防守森严，斟寻西部防御力量薄弱。

伊尹分析了一下，立刻明白了——夏王朝的兵力大多集中在东部的韦、顾、昆吾三个诸侯国。

▲残存的商朝城墙遗址

　　伊尹回到商，与汤商议，决定先消灭韦、顾、昆吾，然后才能灭夏。汤同意了。

　　他们开始寻找攻打这三个诸侯国的借口。这时，机会来了。

　　他们发现，韦国没有祭祀大禹。汤便派人去问。韦国的礼官说："没有祭祀的牛羊。"汤便送了一批牛羊过去。韦国还不祭祀大禹。汤又派人去问，答复是，闹饥荒呢。原来，汤送的那一批牛羊刚被送过来，就被韦国宰杀吃光了。汤又派人去帮助韦国耕种，让人送饭到田间地头。韦国人饿坏了，疯抢酒肉饭菜。有一个小孩因为不肯快点儿交出饭菜，当场被杀死，引起民众的义愤。汤马上以此为由，对韦国发起攻击，灭了韦国。

　　之后，汤又发兵顾和昆吾，把它们一举都灭掉了。

　　又经过一段时间的养精蓄锐，汤看到时机成熟，决定发兵攻夏。

　　他根据情报，制定了一条迂回的路线：在商境内，悄悄往东边行军，到了境外，则绕道往西边开进，避开夏朝

兵力强盛的东部。

大军开拔后，沿着黄河南岸，一直往西。沿途江河纵横，尽是高山险岭，大军每走一步都异常艰难。但恰恰是这样的道路，使大军的踪迹没有被暴露。

军队到了潼关附近后，又渡过黄河，由黄河河曲部挺进，直逼夏都斟寻。

桀做梦也没有想到，商竟然没有走东边道路，因为东边的路是最近的，也是最好走的路，他早已在这里布置了重兵把守，结果商军却从西而来，兵临城下。

桀和众大臣惊愕不已，商军怎么知道东部有重兵把守？为什么会绕道而行？是谁泄露了军机？

没有一个人怀疑到末喜和伊尹。

桀不顾其他了，慌忙调集守城军队出城迎战。在鸣条一带，与商决战。

此前，商军已经参加过11次大规模的诸侯争夺战，作战经验丰富，因而，两军一交战，夏军就有些招架不住了。

天黑时，桀舍弃斟寻，又把末喜带上，渡江逃到了南巢。没过多久，桀和末喜就病死了。夏朝灭亡，商朝建立。

鸣条一战，汤没有走常规路线，而是"以迂为直"，成为《孙子兵法》中"知迂直之计者胜"的典范。

自禹至桀，自公元前2070年至公元前1598年，夏朝共传14世、17王，历472年，而商只有百里之地，却在倏忽间就把泱泱之夏消灭了，可见，谍报的功劳非常大。

因此，《孙子兵法》上说："殷（商）之兴也，伊尹在夏。"

《国语》上还说："末喜有宠，于是乎与伊尹比而亡夏。"

从事间谍活动的人，风险很大，只要失败一次，生命就会受到威胁。而永不暴露的间谍是不存在的。但谍战的效用，也非常大，有时候，一人可屈一国之师。

伊尹是有文字记载的第一位宰相，也是第一位有间谍兼职的宰相。古人多认为间谍鬼祟下作，因而对伊尹褒贬不一，但不可否认的是，商灭夏，伊尹功不可没。这场谍战，在军事史上也是可圈可点的。

扩展阅读

周朝军事家吕尚建有较完整的间谍组织，成员为耳目、羽翼、游士。耳目负责监控、与外界交往；羽翼负责秘密宣传；游士负责刺探敌国内乱、动向、窃取情报等。

◎商朝的女兵们

　　妇好是商王武丁的王后，又是一位罕见的女军事家。她有一身好功夫，力大无穷，她使用的龙纹大铜钺重8.5公斤、虎纹铜钺重9公斤。

　　斧钺在古代是权力的象征，也是杀敌的武器。

　　有一年夏天，一个邻近的小国来犯境，武丁派兵迎敌。战争持续了很久，也未分出胜负。妇好得知，分外焦急，她想为国分忧，就对武丁说，她要带兵去打仗。

　　武丁还不了解妇好的军事才能，左思右想，不想让她去冒险。妇好再三请求，武丁便用占卜来推测吉凶，结果占了一个吉卜，就只好同意妇好领兵出征了。

　　妇好率领援军到达前线，一个回合，就打败了敌军，大获全胜。

　　消息传来，武丁既惊讶，又高兴，从此便让妇好担任商军的统帅。

　　商朝周围有许多小国家，又叫方国，他们经常骚扰边境，妇好便带领军队南征北战。她一共征服了20多个方国，不仅消除了战争隐患，还扩大了疆域。

　　在那个年代，大规模的战争，也就1000多人。但妇好是个例外，她的军队有很多人，甚至过万，在和羌方作战时，她带了1.3万人，是守卫都城人员的1/10，而守城人员不过10多万人。可见妇好的威武。

　　在距商朝都城1000多里的地方，有一个土方国。这个游牧民族非常野蛮，经常挑起事端，让商朝人的生命财产受到侵害。商王武丁只好命妇好前去镇压。

▼妇好使用的钺（复制品）

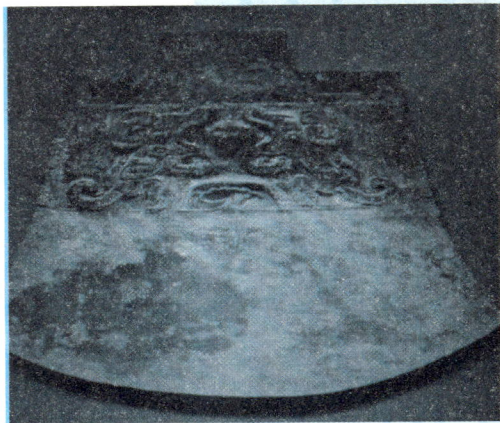

妇好到了边境，也不歇宿，立刻开战。只打了一仗，就把土方国制服了。

土方国的国君见了妇好，连惊带吓，又心服口服，归顺了商朝。

巴方战役，是妇好与武丁联手创造的军事奇迹。

在作战之前，他们布好战局，妇好领军埋伏在敌人西侧，武丁从东面发起进攻。巴军在这个牢固的包围圈里，东跑西撞，鬼哭狼嚎，毫无还击之力，只得投降，从此，南疆无战事。

这是一次著名的战役，被永久地载入了史册，成为历史上有文字记载的最早的"伏击战"。

小方国都逐渐平复了，但另外一个特殊的入侵者来了。

他们是生活在高纬度地区的古印欧人。他们大批涌到商朝境内，破坏了很多文明古迹。他们为什么要迁移到异国他乡呢？

▲跪卧的战马雕塑

原来，大约在3000年前，地球经历了小冰河时期，地球气温急剧下降，原本靠打猎和采集为生的古印欧人食物不继，只好离开家园，迁徙到其他地方谋生。其中有一拨人，就闯入了商朝境内。他们表现彪悍，誓要夺占商朝。

这在历史上是一个很关键的时刻，如果古印欧人夺占了商朝，那么，历史就将改写，欧亚文明就将改写，中华文明更将改写。

就在这飘摇动荡的时刻，妇好决定率军驱逐闯入者。

妇好带了大队人马，浩荡袭来，古印欧人拒绝离开，与妇好展开战斗。

但开战不久，古印欧人就露出了颓势，屁滚尿流地跑得无影无踪。

妇好保护了商朝，使华夏文化得以传承到今天。

从这一点来说，妇好是华夏种族、华夏文明的拯救者。

妇好经常独自带兵出征，每次归来，武丁都要亲自迎接。有一次，他竟然走出了80多公里，风尘仆仆地去迎接妇好。

由于妇好屡获战功，武丁赐给她封地，使她有自己独立的领地。她经常住在自己的领地，但这丝毫未减少武丁对她的爱。武丁常常祭祀，祈求神灵保佑妇好身体健康，长命百岁。

然而，妇好由于常年打仗，屡次受伤，在她33岁那年，又遭逢了难产，就此离开了人世。

武丁十分悲痛。按照商朝制度，王后去世后必须册封新王后，但武丁思念妇好，对新王后比较冷淡。这位徒有虚名的新王后，郁郁寡欢，不久就忧伤地死去了。

妇好并不是武丁唯一的妻子，也不是商朝唯一的女将军。武丁有60多个妻子，其中有一个名叫妇妌。她堪称农学家，同时也是军事家。

有一年，龙方国进犯商朝，妇妌便前往讨伐，结果，一战即克。

妇妌和妇好一样，也有自己的领地，也要向国家交税进贡。她的贡品是龟甲，龟甲在古代是贵重物品。有一次，她一次就上缴了100件龟甲，使武丁龙颜大悦。可见，她是一个很了不起的人物。

商朝一直都有女兵，不管是王公大臣，还是诸侯将相，他们的夫人和女儿，都可以参军。她们加入"王室军"，由商王直接管理。

商朝原有3个师，到商朝后期，经济发达，战事也增多，为了增强战斗实力，商朝又组建了3个师。这样，"王

室军"就有了6个师，而那些女兵，就是"王室军"的一部分。只要一有战事，她们便冲锋陷阵，勇猛杀敌。

到了商纣王时期，女兵女将的命运发生了改变。

纣王很有本事，他力大无比，文武双全，有些瞧不起女兵，认为女子在军事上难有作为。纣王对女兵不再重视，女兵们也心灰意冷，慢慢地就解体了。

等到伐纣战争开始后，纣王兵稀将少，他这才有些后悔。他想召集女兵们，但为时已晚。他只召集了一些奴隶随他出战，结果奴隶们本来就仇恨他，纷纷倒戈投降，导致他失去了国家，商朝从此退出历史舞台，销声匿迹。

扩展阅读

战马是重要的战争工具。公元前6世纪，秦国对战马的要求是：头窄、臀厚、胸背宽厚、耳小鼻大、眼睛亮熠等。西方在公元15世纪时，才对战马有如此细致要求。

◎阴符：无字的密信

商朝末年，政治荒疏，百姓愁怨。西伯侯想要推翻商朝的统治。

大臣吕尚对西伯侯说，东夷集团是纣王的嫡系，只有拉拢东夷集团，或离间东夷和商朝的关系，才能确保讨伐顺利。

东夷集团位于徐淮夷附近，很早以前，吕尚隐居在那里，对那里的情况很稔熟，因此，他决定，自己亲自前往东夷，与东夷套亲近。

西伯侯赞同。

吕尚便来到东夷国，逐一拜访东夷诸国。遇到豪爽的君主，他便将商朝的腐朽娓娓道来；遇到犹豫不定的君主，他便以含蓄的语言暗示商朝大势已去，只有归顺周才是出路。

周，是指西伯侯的封国。

一些国君态度不明朗，他们对商朝敢怒不敢言，另外也有些习惯商朝的弊政了。

吕尚便软硬兼施地告诉他们，商王室已经腐朽糜烂，若他们还要拥护下去，那么，周代商后，新朝必定不敢信任他们了。

意思是，新朝将把他们视为敌人，予以排斥、铲除。

吕尚的话里话外，既有安抚引诱，也有威胁逼迫。东夷诸国的多数国君最后都表示，会支持伐商；少数的国君虽未表示赞成，但也表示，若是伐商，他们不阻止，但也不便支持。

这已经是理想的结果，吕尚很高兴，回到了周地。

之后，东夷果然有所行动了，他们总是制造事端，反抗商朝。

东夷是商朝的大后方，商朝见后方不安定，非常着急，

急忙把兵力都调去镇压东夷。战争断断续续，持续了好几年，国库几乎被掏空。

西伯侯和吕尚见状，开始扩张实力，攻打周边不归顺的小国。

▼神态各异的步兵俑

一次，吕尚奔赴战场，他所带的军队被敌军团团围住了。在这紧急时刻，他想让信使去向西伯侯求救，当时还是口口传话，他又担心西伯侯不相信信使所言。

怎么办呢？

他思来想去，目光蓦地落在自己的鱼竿上。他灵机一动，将鱼竿折成几段，并按照鱼竿折断的长短，分别代表每一项军机事务。他让信使记牢，不得说给外人。

信使带着折断的鱼竿，悄悄溜出，混过重重包围，赶回了周。他把鱼竿拿给西伯侯看，西伯侯一瞅，认出是吕尚的东西，便相信了信使，亲自带领军队去营救，帮助吕尚冲出了包围圈。

惊险过后，吕尚看着那几节解救了他的钓鱼竿，突发奇想，若是把鱼竿进行改造，用它来传递信息，岂不是很安全、很迅捷，也很管用吗？

于是，他发明出了"阴符"。

阴符是8种不同大小的竹板，长度分别是：1尺、9寸、8寸、7寸、6寸、5寸、4寸、3寸。

1尺长的小竹板代表获胜；9寸长的小竹板代表破阵、擒获敌将；8寸长的小竹板代表占领城邑；7寸长的小竹板代表敌军撤退；6寸长的小竹板代表需坚守防御；5寸长的小竹板代表请求粮草援兵；4寸长的小竹板代表将领阵亡；3寸长的小竹板代表战事失利、军卒伤亡。

在使用的时候，阴符一分为二，双方各执一半，以验真假。

竹板既不珍贵，又可随意放置，难以发现；即便被发现，因为上面什么也没有，别人也不解其意，不会联想太多；假如信使在途中出现了意外，还可以买通他人，把竹板送到目的地。

阴符是世界上最早的军事密码，是一项了不起的发明。

但是，由于阴符传递的信息很有限，吕尚再三琢磨后，又发明了配套的"阴书"。

阴书是将密文内容分成3份，由3个信使分别传送。如果哪位信使不走运，被发现了，也不会有大碍，因为他们根本看不到全部内容，难以做出判断。而且，3个信使也都互相不知道对方，即便他们想叛变，也说不出信息的全部内容。

除了使用竹板作为信息的载体外，后来还增加了青铜、硬木等。

阴符和阴书，蕴含着国家机密，只有国君和高级将帅才知道它的秘密。为了确保十足的严密性，吕尚还要求信使，不得透露一个字，一旦有所泄漏，必将处死。

有了传递情报的工具，周的扩张速度增快了。不多久，周就占据了商朝的大半个江山，像个钳子似的，把商朝都城朝歌孤零零地钳在里面了。

扩展阅读

"邦汋"是商朝的侦缉人员。周朝建立后，邦汋仍从事"斟酌盗取密事"，只是分工更加细致。周朝还设立了"邦谍"人员，这是双重间谍，负责在他国窃取机密。

◎3000多年前的一次突袭

公元前1047年12月，冷风大作，寒气袭人，在寒风凛冽的天气里，周武王召集诸侯，前往讨伐商纣王。

全军的兵力是：兵士4.5万人，战车300乘，虎贲3000人。

行军的路线是：从都城丰，过崤山，过函谷关，渡过黄河，直逼朝歌。

这是一条艰难坎坷的路线，沿途都是高山险峰、悬崖峭壁，一不小心就有可能坠崖身亡。有的时候，要通过的一线天的峡谷，连白天都是黝黑一片。由于沟壑纵横，山谷幽深，战车通行极为困难。

尽管如此，依靠顽强的毅力、耐力和信心，大军还是于公元前1046年1月2日，在历经千难万险后，到达了洛邑。大军以洛邑作为基地，休整调养部队。

之后，又从洛邑赶往氾水；又用了不到一个月的时间，抵达孟津；又由孟津冒雨继续前进；从百泉转向东行，终于奔向朝歌了。

在这次遥远的战略突袭中，将士们经受了狂风暴雨的袭击，异常寒冷的天气使将士们举步维艰。不过，这场雨

▼曾经富丽堂皇的商朝都城朝歌遗址

也帮助了他们，由于风雨肆虐，无人外出，在接近朝歌的6天中，他们的行踪竟然没有被发现，没有一个人出来拦截他们。

2月5日，凌晨时分，他们抵达牧野，准备攻击朝歌，这才被注意到。

不容休息，周武王集合军队，快速布阵。

在阵前，他郑重宣布了作战中的行动要求和纪律，要求：军士每前进6步、7步，就要停止取齐，队形才不至于混乱；每刺杀4次、5次或6次、7次，也要停止取齐，才能稳住阵脚；军士作战时，对于投降的敌兵要保护，不要杀害。

之后，周武王先派了少量兵力向商纣王挑衅。这是为了牵制和迷惑商纣王，之后，他又伺机发起了猛攻，让商纣王猝不及防。

商纣王的队伍都是东拼西凑而来，因而，战斗打响不久，士兵便纷纷逃离，或者投降周武王，反过来杀向商纣王。就这样，商纣王几乎一触即溃，惨败而亡。

商朝就这样灭亡了，周朝建立了。

牧野之战，是一次异常精彩的长途偷袭战。它促进了古代兵学文化的发展，体现了深邃的谋略和超乎想象的作战艺术，对古代军事思想产生了不可低估的影响力。

▲封神演义图盘，《封神演义》根据牧野之战所创作

扩展阅读

周朝有一条著名的大道：周道。周道宽阔平坦，保证了都城和各诸侯国顺畅的交通。它又是一条国家一级军用道路，确保了军事信息的快速传递、军队的及时输送。

第二章

春秋战国军事大变局

在人类活动中，军事是一个不能忽略的领域。在历史上，战争从没有长时间停顿过。春秋战国时期，共有几百个诸侯国，大国为争霸，小国为生存，使战争前所未有的频繁、复杂，步兵真正成为独立兵种，武器装备获得发展，作战方式有了改进，军制逐渐细化。

◎天子的国防军

　　周成王即位时，还很年幼，不能独立处理国家大事。他的叔父周公很担心，害怕虎视眈眈的诸侯们会叛周，便亲自摄政，辅佐周成王。

　　管叔、蔡叔和霍叔有野心，他们怀疑周公想篡位夺权，心里不服，便拉帮结派，四处毁谤周公。他们又鼓动前朝遗民，起兵叛乱。

　　周公只好离开都城，去镇压叛军。在平叛后，周公将收缴的疆土划为卫国，并封自己的儿子康叔为卫国国君，统治前朝遗民。

▼西周时驾马御车皆有礼数

　　在康叔去封国前，周公担心他年纪轻，无法担当重任，便一再告诫康叔，对待百姓，要宽厚仁慈，不可随意杀戮；对抢劫财物、不孝敬父母、兄弟反目的人，要严加惩处；百姓聚众饮酒，除了百工之外，都要把他们押到都城，由他来处置他们。

　　周公还交给康叔一支训练有素的王室军队，即"成周八师"。

　　这是一支国防军。西周的时候，王室一共有14个师，分别是"西六师"和"成周八师"，后者主要是用来对付遗民的。

　　不过，国防军不是轻易就可以出动的。因为当时重礼法，不能随意发起战争，各诸侯国都有条约，叫"军礼"。军礼规定：只在犯有"凭弱犯寡""贼贤害民""放杀其君"

等9种严重罪行时，才可以起兵讨伐；即使要讨伐，也不能趁敌国发丧时讨伐，更不能趁敌国闹饥荒时讨伐；假如有人的确触犯了礼法，可以出兵了，但也必须要跟对方约好交战的时间和地点；交战时，双方都要在排好了阵势后，才能发起攻击，不能搞突然袭击。

这是战争中提倡的"礼"，这样的战争，很有些绅士风度。

战争中，还有"仁"。也就是说，敌我双方投入兵力不能太多，战争持续时间不能太久。因为战争的目的不是为了消灭多少有生力量，而是要对方屈服，若愿意和解，战争就宣告结束；即使将对方完全打败，也不能赶尽杀绝，力求让敌国继续生存。

"礼""仁"在战争中的提倡，保证了社会的相对稳定。卫国的统治长达830多年，跟这些是分不开的。当然，这也归功于康叔的仁政。康叔勤勉治国，对百姓仁义宽厚，多年都没有使用过酷刑，深得民心。

春秋中期以后，战争逐渐变得残酷。双方不择手段，动辄投入几十万甚至上百万兵力，伤亡十万以上的战斗司空见惯。由是，军礼传统不复存在。

扩展阅读

齐国设有"里尉"的官职，任务是监视，若侦察到有对国家不满或心怀不轨的人便上报，重者可处死刑；晋国军中设有"候奄""候正"的官职，也主管情报侦察。

◎鳞片般的鱼丽阵

郑庄公的母亲很强势，一年，这位老妇人让郑庄公把京赐给共叔段。共叔段是郑庄公的弟弟，素有野心。大夫祭足对郑庄公说，京这个地方，丰沃富足，人口众多，城垣阔大，如果让给共叔段，恐怕他会起造反之心。

郑庄公原本也不想把京封给共叔段，心里非常犹豫。但母亲催逼甚急，他不好违背母亲的意愿，只能默默地封共叔段在京。

共叔段到了京之后，不断积蓄力量，渐渐露出了反叛的迹象。

祭足告诉郑庄公，若不尽早给共叔段另外安置个地方，等他的势力蔓延开来，再要处置他就很难了。

郑庄公喟然道，多行不义必自毙，他这样做不得民心，迟早会自取其祸。

▼生龙活虎的古代战将和战车（复制品）

郑庄公还是没有处置共叔段。

不久，共叔段发动叛乱，郑庄公极为悲愤。他发兵讨伐，把共叔段打跑了。

郑庄公是郑国的第三代国君，他在对家人的问题上，尤为优柔寡断，但在军事问题上，他却颇有作为，战略眼光独到。

公元前718年，郑国与卫国发生战争。郑庄公率领大军攻打卫国，卫国

得到消息后，向燕国借来援兵抵抗郑军。

郑庄公见势不妙，吩咐大夫祭足等3人带领大军往北迎战，让两个儿子带兵潜伏到燕军背后。当燕军还专注于正面作战时，突然听到后面传来喊杀声。燕军还没反应过来，便大败给了郑军。

郑军以背后偷袭之法取得胜利，这是军事史上记载最早的迂回战。

军事史上记载的最早阵法——鱼丽阵，也和郑庄公有关。

郑庄公想成为霸主，为此，他试图操控周朝天子，这让周天子忍无可忍。这一年，周天子为维护王室尊严，亲率周室联军攻打郑国。

郑庄公起兵抵御，与周天子在繻葛（今河南境内）摆开阵势。

战前，郑庄公做了周密的部署，他采纳了儿子元的建议，决定先击败周军中薄弱的左右两翼，再集中兵力攻击周天子亲自指挥的主力中军。

在具体布阵上，郑庄公采纳了大臣高渠弥的建议，布列"鱼丽阵"。

鱼丽阵，就是将步兵和战车混编在一起、充分发挥步兵作用的阵形，是一种进攻阵形。在布列时，中军稍后，两翼靠前，呈倒"品"字形；大将位于阵形中后，主要兵力在中央集结，分作若干鱼鳞状的小方阵，作战时互相配合。由于阵形像鱼列队一样，故名鱼丽阵。

战斗一开始，郑庄公就指挥鱼丽阵向周军两翼发起猛攻。周军两翼顿时混乱了，中军陷于孤立无援的境地。郑庄公抓住战机，又命军队对周天子的中军实施夹击，乘势将郑国的中军投入战斗。

这样一来，周天子的中军就遭到了郑国三军的合力攻击，招架不住，继而大败。周天子也被郑军射伤，流着血

引军而退。

缛葛之战后，周天子威风扫地，郑庄公则声威大振，"礼乐征伐自天子出"的传统从此消失，郑庄公的权势大过了天子。

继郑庄公之后，齐、晋、楚、秦等大国先后兴起，从此开始了诸侯争霸的局面。

扩展阅读

孟子指出："春秋无义战。"即春秋时没有正义的战争。这种军事观是从道德角度出发的。意思是，只有在政治清明、民心所向的情况下，进行的战争才是正义的。

◎ "昂贵"的车战

瑕，地处楚国与随国的边境。公元前706年，楚军侵犯随国，瑕遭到破坏。随国国君怒火中烧，气得发晕。但生气不解决问题，楚军就堵在自家门口，他又无力还击，只能被迫与楚国结盟。

随国国君找来少师——官职名称，让他去"董成"——谈判。

这次谈判意义重大，要借机打探楚军实力，如果楚军势弱，便可趁其不备，打他个措手不及，解除盟约；如果楚军力强，便只能老老实实地结盟了。

少师到了瑕，见到了楚国国君熊通，得到了盛情款待。

随国属于中原国家，是夏朝帝王之后，总有一种优越感，看不起来自山野边鄙的楚国人。少师因此表现得不够谦和，行为举止异常傲慢、轻薄。

熊通见少师如此无礼，很是气恼。令尹斗伯比对熊通说，不必在意少师，这正好说明少师是个刚愎自用之人，可以将计就计。

熊通不解。斗伯比解释道，可在晚上把军中战车藏起来，让精锐将士都躲起来，明天请少师检阅军队，他必定以为楚军兵器落后，将士老弱，这样一来，他回去后就会怂恿随国国君在楚军撤退回国时追袭。那时，楚军派出精锐，便可大获全胜。

熊通深以为是。

第二天一早，少师被邀请阅兵。他怀着倨傲的心理，走马观花地参观了一遍，真的以为楚军疲弱，心中暗喜。

回去后，少师果然告诉随国国君，说楚军徒有虚名，兵不成兵，将不成将，若在他们撤退时发兵追击，定能将其击溃。

大夫季梁立刻反驳，说楚国曾从中原小国抢去兵车，楚军绝不可能不堪一击，他们是在故意示弱，诱骗随军上当。

所谓车兵，是驾驭兵车作战的人。春秋战国时的兵车，是特制的，车轮中间的轴上装有毛刺，有很大杀伤性，在平原上作战优势极大。车兵部队本来是中原部队的编制，但熊通经过多年苦心经营后，也模仿中原建立了车兵部队，也分左、右、中三军，每辆兵车上还配有战马和甲士，甲士身上穿的盔甲是用野生犀牛皮制成的，普通刀箭很难刺穿。所以，季梁的分析是正确的。

▼结实、华丽、昂贵的商朝战车

不过，少师很不屑，他信誓旦旦地向随国国君表示，他是亲眼看到楚军疲弱，根本不见兵车，季梁是危言耸听。

季梁说，早在4年前，蔡国和郑国就专门举行过一次会盟，商讨如何对付楚国。蔡国、郑国距离楚国非常远，他们都如此担忧楚国，这不正好说明楚国军力是不容低估的吗？

少师大为恼怒，不理睬季梁，向随国国君请战，要国君给他兵马，他去将楚军杀个片甲不留。

随国国君斟酌再三，犹犹豫豫地说，如果楚军肯退兵，也算是好事，就不必追杀了。

楚军见随国未来追击，也就班师回国了，随国免去了一场干戈之灾。

但不久，麻烦又来了。

公元前704年，熊通自立为王，把自己封为楚武王，竟然与周朝天子并肩了。为了让诸侯们承认自己的王位，熊通召集各地诸侯到沈鹿会盟，随国国君也在邀请之列。

随国国君得知消息，大为震怒，召集大臣商讨此事。

大夫季梁认为，可以前去参加，暂且稳住熊通，再寻对策；若是不想参加，就要暗中联络中原各国，共商抵御熊通的大计。

少师耻笑季梁，说季梁患上了惧楚症，胆小怯懦，不配保江山社稷。在他看来，楚国人就是一些粗鄙的下等野人，根本不用在乎。

随国国君被少师说服，便不去参加会盟，也不去联络他国。

到了会盟这一天，熊通见随国没有派来代表，心中暗自高兴，这正好给了他攻打随国的借口。他一心想进军中原，而通往中原的路，必要经过汉水之东，随国恰恰就在汉水东面，若不消灭随国，挺进中原的目的便无法实现。

因此，会盟刚一结束，熊通压根不回国，直接就奔随国而去了。

随国国君大急。少师献策道，楚军远道而来，军马劳顿，粮草紧缺，若正面迎敌，可速战速决。

季梁劝谏随国国君不可轻敌，要谨慎采取战术。

少师出言斥责季梁。随国国君也觉得季梁太过于前怕狼后怕虎了。他在少师的撺掇下，坚持要与楚军一决雌雄。

随军出了城门，与楚军在都城东面的速杞对阵。

眼见恶战不可避免，季梁试图尽最后的努力，他告诉随国国君，可以先攻击楚军右侧，因为楚国人认为左边是最尊贵的，熊通肯定在左军，左军也必定是楚军的主力。随军应避其锋芒，以较强的右军攻其较弱的右军，打乱楚军阵脚，才有机会获得胜利。

少师拼命拦阻，对随国国君说，自古以来，两国对战，都是将对将、兵对兵，国君若不去与楚主决战，而去对付无名小卒，会让人笑话。

随国国君觉得少师真是为他着想，很满意，立刻下令，由少师率领左军攻击楚的右军，由自己率领右军攻击楚的左军。

就这样，战争拉开了序幕。

不能不说随国国君是缺乏谋略的，因为在两军对阵时，楚军已经摆好了战车，这说明少师此前的判断是错的，季梁的分析是对的。可是，尽管如此，随国国君还是拒绝听信季梁的建议，这使他无可挽回地走向了命运的深渊。

这是一场典型的车战。

从西周到春秋战国，车战是最鼎盛的战争形式，它以战车为主力，由车兵来操控。战车的基本单位为"乘"，每部战车由甲士、车属徒兵、辎重车、后勤徒役组成。一乘战车有4匹马，甲士10人，其中车上3人、车下7人。另外还有徒兵15人。

车战开始前，两军各自摆好阵式，等鼓声一响，战车便像离弦之箭往前冲。战车的速度，依靠鼓点来控制，以此来保证车队整齐的队形。

当双方战车达到弓箭的射程范围之内时，弓箭手便开始放箭，打乱对方阵势，冲杀进对方阵营。之后，战车上的甲士开始厮杀，所用的武器是戈、矛和剑等。这些武器和战车的冲击，经常会造成双方车毁马亡。

当战车瘫痪后，车上的士兵要快速离开兵车，到地面上进行肉搏。

车战在战争史上不容小觑，只是作战技术笨重呆板，但和步兵拼杀相比，它的攻击力显然要大得多。车战几乎主宰了那个时代的所有战场。

从这个意义上来讲，车战是最"昂贵"的战争。另外，战车稀少，造价不菲，每次损毁都是巨大的财物浪费。

在随国国君眼里，落后的荆蛮之人虽然仿造了中原的战车，但对车战的精髓肯定只懂皮毛。然而，当两兵相接后，他立刻就发现自己错了。

刚一战斗，随军的车阵就稀里哗啦地被打乱了。随国国君一看不妙，连忙骨碌碌地从战车上爬下来，在甲士的保护下，溜出战场，逃跑了。楚军只"俘虏"了他的战车。

不可一世的少师被楚军俘虏了，但保住了性命。

不幸的只有那些随国士卒和百姓，他们死的死，伤的伤，饱受践踏。

经此一役，随国几近破亡，疾速衰落下去，大夫季梁因此抑郁而终。

扩展阅读

公元前313年起，楚秦两国连年征战，秦胜楚败，楚国死者达15万，尸体遍野，无人问津。屈原悲愤地写下《国殇》，里面对车战的详细描述在历史上是第一次。

◎神出鬼没的"经济战"

管仲，是齐国丞相，博古通今，才华横溢。有一天，他去见齐桓公，谈话中，发现齐桓公总是愁眉不展，便问原因。

齐桓公说："鲁国和梁国，犹如马蜂能蜇人，随时都可能骚扰我们；但因其离我们很近，犹如嘴唇能保护牙齿，也是我们的屏障。两国如此重要，我想出兵让他们归附，但又师出无名，所以忧愁。"

管仲略一沉思，说道："我有个办法可以解愁。"

于是，他将自己的想法细细讲给齐桓公听，齐桓公听后，点头应允。

一日，齐桓公突然下令：齐国大小官员一律只许穿绨。他自己也只穿绨。

绨是一种柔软细滑的丝织品，由丝线和棉线织成。齐国的百姓见上至朝野下至官员都穿绨，便引为潮流，纷纷效仿。没过多久，齐国上下便流行起绨来了。由于众人争抢，绨的价格一夜之间暴涨。

齐国有官员7000人左右，春夏秋冬，国家都要为他们置办两套以上的官服。如此众多的官员，国家每年都要采购5万~6万丈绨，加之民间的需求更大，绨变得异常抢手。可是，齐国已经没有这么多的绨了。管仲便鼓励商人去鲁国和梁国采买。

梁国见有利可图，许多人都放弃其他行业，去织绨。

鲁庄公起先还半信半疑，慢慢地也觉得织绨确实强国富民，便也鼓励百姓栽桑种棉、织绨，然后，由国家收购，再转手以高价卖给齐国。

半年之后，鲁国人几乎疯狂了一般，在都城的大街小巷、城里城外，随处都能看见送绨进城的草筐、担子、车辆等。

管仲把收购价又提高了一些，规定，如果能一次性卖给齐国1000匹绨，就能拿到300斤黄金；如果能卖上10次，就能拿到3000斤黄金。

这样一来，鲁国和梁国更加起劲儿了，他们获得了丰厚的利润，国库很快就充盈起来。

一年之后，鲁国和梁国再也没有人种粮食了，田地里都是桑树和棉花。

突然，一个消息骤然传来，像五雷轰顶一样炸响在鲁国和梁国：管仲下令闭关，从此不再和鲁国和梁国进行贸易往来了；齐国上下禁止穿绨做的衣服，都改成了穿帛。

鲁国和梁国的绨积压如山，再也卖不出去了。更为严峻的是，两国的大片土地没有粮食，颗粒无收。为了活命，国民只得去齐国买粮食。但齐国规定：齐国百姓买粮，10钱买120斤；鲁国人和梁国人买粮，1000钱买120斤。

鲁国和梁国闹起了饥荒，到处都能看见饿死的尸体，场面惨不忍睹。没有饿死的人，便偷偷越过边境，往齐国逃奔。管仲命令守卫边界的将士，不许阻拦鲁国和梁国饥民，让他们自由进入齐国。

这样一来，鲁国和梁国的百姓像潮水一样涌向齐国。在短短的时间里，鲁国和梁国竟有60%的百姓成了齐国的子民。

鲁国和梁国的君主此时才知道上了当，但悔之晚矣，只好乖乖归顺齐国，成为齐国的附属国。

原来，这是管仲实施的"经济战"。

经济战，是一种不流血的战争模式，通过"和平"的经济手段来击溃敌国。

在军事史上，经济战是兵战中非常高明的战术。它的核心是：不战而屈人之兵。

经济战属于军事高手之间的较量。

管仲是世界上第一个使用经济战术的人。这种战术，使齐国不费一刀一剑，没有一死一伤，便将鲁国和梁国逼至崩溃边缘，从而投降。

其实，管仲发动经济战解决问题不止一次。在对付楚国时，他也采用了这一战术。

楚国的国力不在齐国之下，但齐桓公一心想要吞并楚国。管仲便想了一个主意。他派人带着大批民工到庄山铸造钱币。钱币铸好之后，他又让人赶着车子前往楚国，车里装着2000万钱。此行的目的，是去楚国收购生鹿。

楚国境内有大量的野生鹿，一头生鹿在楚国可以卖到8万钱。而管仲却让人告诉楚国商人，卖20头生鹿，便可获百斤黄金。

楚王听说了这件事，大喜。楚王心想，这可真是收敛齐国钱财的大好机会，于是下令举国上下都去扑杀生鹿。

▲温驯可爱的鹿是战争的牺牲品

百姓见许多捕鹿人赚到了丰厚的钱财，贩卖生鹿的商人更是一夜间暴富，便都不愿意种庄稼而去捕鹿，风餐露宿，不分昼夜地猎杀。

在齐国，管仲正命人将全国粮食的60%购入国库。当

楚国捕鹿正欢的时候，管仲鼓励齐国百姓节衣缩食，大量储存粮食，这使得其存粮五倍于从前。

之后，管仲下令，关闭贸易，断绝与楚国来往。

楚国傻眼了。生鹿再也卖不出去了。而且，由于耽于捕鹿，楚国境内杂草丛生，耕地荒芜，而粮食价格暴涨，许多人有钱也买不到粮食。

这时，管仲拿出库存的粮食，派人运出，高价卖给楚国人。楚国人见齐国粮食丰富，40%的人都投奔了齐国。

3年之后，楚国不战而降。

管仲的经济战术，为齐国势力的扩充，起到了至关重要的作用。对之后的汉朝、唐朝和宋朝产生了极大影响。

扩展阅读

齐桓公与管仲在高台上密谋攻打莒国，这是机密，却弄得满城风雨。原来是东郭牙泄的密，他远望齐桓公的口型，判读出"莒"字。他是世界第一个通过唇语掌握情报的人。

◎先轸的心理战

先轸是晋国的卿大夫，善于谋略，长于攻心。公元前633年，以楚国为首的五国联军攻打宋国，宋国面临灭顶之灾，慌忙向晋国求救。

晋文公犹豫不定：出兵吧，面对如此强大敌人，很难取胜；不出兵吧，又不好拒绝，因为宋国对他有恩。前些年，他流亡在外，是宋国收留了他，对他厚礼相待。

晋文公正举棋不定，与众大夫商议。

先轸告诉晋文公，必须得救宋国，当下，唯有晋国和楚国最为强盛，但一山不容二虎，若不击败楚国，晋国想要称霸中原是不可能实现的。

一些大臣表示反对，认为晋国想要打败楚国联军，简直就是以卵击石。

先轸说，可以不去攻打楚国联军，而去攻打曹国和卫国，楚国定会去救二国，这样楚国就顾不上攻打宋国了。

先轸的计策，是根据楚国人的心理而制定的。楚国刚刚与曹国和卫国结盟，如果楚国不去救二国，就会失信于天下，成为笑柄，不再让其他国家信任，也难以树立形象和荣誉。而楚国正试图称霸天下，急需诸侯国的支持。所以，先轸断定，楚国一定会掉头回救，这样就能解了宋国之围。

有些大臣还是不信，连连摇头。

好在晋文公认为可行，便采纳了先轸的意见。

事实证明，先轸的心理战术起到了作用。当晋国出兵攻打曹、卫后，楚国果然放弃了攻打宋国，马不停蹄地回头来解救。

第二年，晋国打算渡过黄河，军队想从卫国境内通过，与卫国借道。卫国不借。晋军只好绕道而行，从卫国的南

面渡过了黄河。

　　一过河，晋军就开始攻打卫国。在第一次战斗中，先轸又使用了心理战。

　　军队在经过山林时，先轸让士兵到处插上晋军旗帜。结果卫国人看到了，还以为晋军已经渗入到各处，这给他们在心理上增加了巨大的压力，以至于惶惶不安，不安心守城，被活捉、俘虏了很多人。

　　晋军连连告捷。这时，突然有人来报，宋国信使求见。

　　先轸急问何事，只见宋使汗流满面地跑进来，说宋国都城商丘被楚军围困，攻城战役一次比一次猛烈，若卿大夫不火速解救的话，恐怕就来不及了！

　　先轸告诉宋使，只有一个办法能解救宋国，赶快带上金银去齐国和秦国，让他们劝解楚国退兵。

　　宋国听从先轸的策略，派人前往齐国和秦国。齐、秦果真劝解楚国退兵。但楚军接连打胜仗，不肯听劝。齐国和秦国碰了一鼻子灰，对楚国极为不满。齐国便与晋国结盟了。

　　先轸继续指挥晋军行军，然后打败了曹国，软禁了曹国君主。他把所占领的曹国的疆土送一部分给宋国。宋国信心大增，坚定了抗楚的决心。

　　楚国的日子却不好过了，楚国国君察觉到有变，命令统帅子玉马上退兵。子玉过于骄傲，不肯善罢甘休，自作聪明地想出了一个计谋。

　　子玉派人去晋国，说如果晋国不再攻占曹、卫两国，楚国就不再围攻宋国。

　　先轸识破了子玉的心理，他深知，如果晋国不接受子玉的建议，那么，晋国就得罪了曹、卫两国，还有可能导致宋国灭亡，而宋国一旦被灭，就会增强楚国的势力。各诸侯国会把这个罪责加在晋国头上，不利于晋国日后称霸中原。

▲古郡陵城遗址，充满沧桑气息

先轸决定将计就计。他把子玉派来的人扣留起来，然后允诺曹、卫两国复国。曹、卫两国感恩不尽，立刻表示，与楚国断交。

这样一来，楚国孤立了。

子玉怒不可遏，带领大军攻向曹国。晋军联合曹军，共抗楚军。

晋军假装害怕，让部队后退90里，在城濮安营扎寨。子玉不知有诈，率军追赶到城濮以南的有莘。两军在那里摆开阵势，厮杀起来。这便是有名的"城濮之战"。

大战开始后，晋军继续假装后退。子玉看见晋军阵后尘土飞扬，猜想是晋军在慌慌张张后退，便命追击。他哪里知道中了先轸之计。

先轸让人在战车上绑上树枝，并驾着战车飞跑。战车上的树枝扫着地面，扬起滚滚尘土，迷惑了子玉。

子玉孤军深入，右翼暴露，被先轸逮了个正着，先轸对其实施了狠狠的打击。

楚军左翼也未能幸免，伪装逃跑的晋军在险隘处突然回头，联合中军，对楚左军两面夹击，使其左右受敌，几乎全军覆没。

子玉见大势已去，不敢恋战，慌忙逃离。他自知不听楚国国君劝告，罪责难逃，羞愧难当，一个人自杀了。

城濮之战过后，晋文公如愿成为春秋时期第二个霸主。

史书记载，"城濮之事，先轸之谋"，肯定了先轸的功绩。在大战的整个过程中，先轸处处都应用了心理战术。

无论是遍插旗帜使敌方心理溃败，还是用树枝扬起灰尘使敌方迷惑，或是用佯退的方式使敌方上当，几乎每一步，他都灵活地运用了心理战术。

心理战是一种影响心理的行为，他瞄准的是敌方的心理，使敌方产生错觉、恐惧或忧愁；它要消灭的，不是敌方的肉体，而是改变敌方的认识、情感或态度，然而，正是如此，才以极少的兵力战胜敌方，或使敌方不战而降。

心理战的手段很多，可以威慑，可以佯动，可以伪装，可以欺诈，可以恐吓，可以诱惑，可以收买等。

先轸便运用了"佯攻""诈败"等计谋，这些都为后来孙武编写《孙子兵法》提供了参考。

不久，先轸却自杀了。

何以如此呢？

原来，晋国和秦国发生崤之战后，秦国有3员大将被晋国俘虏了。晋国国君的母亲是秦国国君的女儿，她便请求释放了3员秦将。先轸听说时，正在吃饭，把嘴里的食物都吐了出来，怒气冲冲地跑去质问晋国国君，还往地上吐唾沫。晋国国君意识到错了，赶忙去追俘虏，但秦将已飞速逃离了。

事后，先轸深觉自己无礼，追悔莫及。当狄人侵犯晋国时，心怀愧疚的先轸毅然摘掉头盔，脱去铠甲，单车冲进狄人阵中，用战死的方式向国君表达了他深深的歉意。

扩展阅读

历史上第一个"挟天子以令诸侯"的人是齐桓公。周朝天子名存实亡后，齐桓公打出"尊王攘夷"的政策，打着天子的旗号，攻击戎狄野人和其他诸侯国，实施扩张。

◎中国最早的情报武官

武官，是从事军事外交、军事情报的人。他们要承担军事顾问的工作，还要参与军事谈判，是大使馆里不可或缺的成员。

在军事外交界，有这样一个说法：武官最早出现于1800年左右的欧洲，中国在1860年以后才有武官。

其实，这种说法未免武断。早在春秋时期，2600年之前，中国的土地上，就闪现着武官的身影了。

他就是杞子。

杞子是秦国大夫，公元前630年9月，他无意中走进了浩渺的军事文化史。

事情是这样的。

当时，秦国和晋国联合，准备攻打郑国。杞子接到命令，也随军出征。

两国军队出发后，抵达一个叫函陵的地方。晋军驻扎在那里。杞子所在的秦军，驻扎在不远处的氾水岸，与晋军成掎角之势，以便作战时互相配合。

当夜，秦穆公召开临时军事会议，杞子也参加了。

夜深时，有人报告，说郑国的使者前来求见。

来者是个牙都快掉光的瘦老头，其名唤作烛之武，是个马夫。

杞子怎么也没有想到，就是这个干枯虚弱的人，在几分钟之内就改变了他的命运。

烛之武劝告秦穆公，不要攻打郑国。因为对秦国没有好处，秦国和郑国相距遥远，中间还隔着一个晋国，即使郑国投降了，也要归入晋国的领土，轮不到秦国。秦国白白流血牺牲，却得不到一点儿好处，国力还会削弱。

烛之武的话，让秦穆公不禁动摇了。

烛之武又说，如果秦国撤兵，日后，倘或秦国使者路过郑国，郑国一定会像对待亲人一样待之。

秦穆公完全同意，与郑国订立盟约，并派杞子、逢孙氏、杨孙氏"戍之"。

"戍之"，意味着，杞子要作为秦国派驻郑国的军事代表，带领逢孙氏、杨孙氏，协理郑国的防务，开展军事外交和军事情报工作。

杞子接受了任务。

之后，秦军连夜撤离。晋军由于势单力薄，也随后撤走，郑国免去了战争之祸。

第二天，杞子与逢孙氏、杨孙氏搬入了郑国的馆舍。郑国为他们提供了很多生活物资。

第二年，秦国有一个使者在执行公务时，途经郑国，在郑国歇脚。

这个使者的官职，是"行人"。"行人"披着外交官的外衣，他们的任务是，通过出使、朝觐、聘问等来侦察情报、解决土地争端、战争结盟等事务。春秋时期，战争频发，在242年中，共发生483次，平均每半年一次，还举行朝聘会盟450次，也差不多半年一次，而国与国之间，却没有方便的交通工具，"行人"往来，只能依靠牛马车和双脚。由于工作繁重艰难，日夜奔走不息，"疲于奔命"一词，因此出现。

这位"行人"告诉杞子，秦穆公对之前的撤兵，有些后悔，因为即便秦国和郑国之间隔着晋国，但秦国把郑国作为附属国，也不是没可能。因此，秦穆公打算扩张地盘，让杞子强化情报工作，暗中筹备，以便秦国再次攻打郑国。

杞子会意。

不久，杞子拉拢了郑国管理城防的官员缯贺，给了缯贺许多好处。缯贺原本就对自己的祖国郑国很不满并含有怨恨，便答应为秦国服务。

之后，缯贺经常与杞子联系，把郑国国防的秘事告诉杞子。

公元前628年，杞子已驻扎郑国近两年。他与缯贺厮混极熟，全面谙熟了郑国的城防系统，甚至控制了郑国北门的钥匙。

一日，杞子听缯贺说："我完全掌控了城防事务，秦军可以来袭击了，到时候，我将做内应。"

杞子认为时机成熟，便暗中传话回秦国，说如果偷偷来袭，可以攻克郑国。

▲壁画中的军队编制：第一排为汉人，第二排、第三排为夷人

这个消息发出后，秦军果然出动了。

公元前627年，秦国递信给杞子，让杞子做好策应准备。

杞子在馆舍中，与逢孙氏、杨孙氏分别安排任务。

杞子的具体官职，是下大夫。但他不是文官，而是武将。按照当时的军制规定，下大夫领导500人，相当于一个旅。杞子在出征时，原带有队伍，但驻在郑国后，他的身份变成了外交代表，与郑国不再是敌对关系，而是邦交关系，所以，他的军队被收回，只留下很少的人担任助理、

秘书等工作。

虽然人少，但杞子还是忙碌起来。他让大家提前将器物捆束规整，装于车上，并磨好兵器，喂饱马匹，只等秦军一到，内外夹击郑国。

就在杞子暗中忙碌时，秦军的先头部队已行至滑国，但一个意外出现了。

郑国有个商人，名叫弦高，当日正赶着牛和伙伴去洛邑做生意。他无意间看到在洛邑北门外，秦军正在尘埃中疾行，方向直指郑国。弦高是个爱国商人，颇有情报意识，他发觉情势不妙，忙叫住一个伙伴速回郑国报信。

弦高则带着小商队截住秦军。

他把12头牛都拽到秦将跟前，把4张熟牛皮也拿出来，说郑国得知秦国行军要经过郑国，特意让他来劳军；郑国考虑到秦军还要在郑国宿营，已准备好一日的供应、夜间的警卫。

秦国将领顿时面面相觑。弦高的意思很明白：郑国已知秦军将偷袭郑国，郑国早有防备。

秦国将领很沮丧，想着，既然郑国做好了作战准备，他们很难偷袭成功，只好快快撤回。

而在此时，身在郑国的杞子还在馆舍苦等。

他没有得到秦军的消息，有点儿焦急。

黄昏时分，郑国的上卿皇武子突然到访。杞子心中一惊，知道出了意外。

皇武子进入馆舍，看到馆内已"束载、厉兵、秣马矣"，一派肃杀景象，非常气愤。

他直截了当地对杞子说："诸位在郑国滞留很久了，郑国的粮食、牲口都很紧缺。听说诸位要走，那就自己去准备些干粮吧。"

皇武子虽然生气，但仍极力抑制着不去发作。

显然，皇武子已知杞子等人的阴谋，并查看到院中的

确凿证据，但他没有逮捕、惩罚杞子他们，而是采用外交辞令，驱逐他们。这个形式，与现在的武官所享有的外交特权和豁免权，非常相似。

从杞子等人的驻在情况看，杞子也称得上是古代武官。

比如，他是经过驻在国郑国的同意，而且是在郑国和秦国正式缔约后，才被派遣于此的，代表秦国的武装力量；他有一个相当于旅长的军阶，有协助郑国防务的任务；还负责开展军政外交，与军政要员建立关系，搜集军事情报，并根据情报提出行动计划；此外，他在郑国有大使馆（馆舍），有单独的办公室，有自驾马车，有军械等，这些都符合武官的工作性质。

从杞子的驻在情况来看，他相当于世界上最早的武官。至少，武官的雏形，在他身上是看得到的。

或许，正是因为杞子知道自己享有豁免权，所以，他对机密败露并未表现出过分的紧张。

在送走皇武子时，杞子嘱咐大家立刻离开郑国。为避免遭到暗杀，他们分头行动，各自潜往距离郑国最近的国家。

此后，杞子就像露珠一样，骤然隐没，再也没有出现在史册上。

扩展阅读

　　周武王创立周朝后，细化监察系统，设置多种主管情报的官职，除"行人"外，还有"舍人"——通过语言翻译来侦察，还有"候人"——通过接待边境客人来侦察。

◎兵学"熟透了"

司马穰苴是一个平民，出身低微，齐国丞相晏婴看出他非同寻常，极力推荐他担任了将军。但齐国大夫都看不起他，他决心给自己树立威信。

司马穰苴告诉齐景公，可派一名声望高的大夫做他的监军。齐景公对他也不太信任，便立刻答应了，把宠臣庄贾派去了。

司马穰苴与庄贾约定好，让庄贾明天中午到军门与他会面。庄贾应诺。

第二天，司马穰苴来到军中集合部队，等待庄贾到来。他让士兵在太阳底下立了一根木桩，根据木桩投在地上的影子来看时间。中午，庄贾没有来，下午，庄贾还是没来，直到傍晚，庄贾才大摇大摆地来了。

▲各种外文版本的《孙子兵法》

司马穰苴问他为什么迟到。庄贾满不在乎地说，因为去送一个做大夫的亲戚，所以来晚了。

司马穰苴顿时大怒，斥责庄贾违抗军令，要依照军法斩首。

庄贾大惊，急忙派人骑着快马去请齐景公来救他。但派出的人还没有回来，庄贾的人头已经落地。军中无不震惊。就连齐景公听了，也吓了一跳。

不久，又发生了一件事。

齐景公让使者到军中传信。使者的车直接冲进了司马穰苴的军营中。

▲清朝时，日本所刻的《孙子兵法》释义

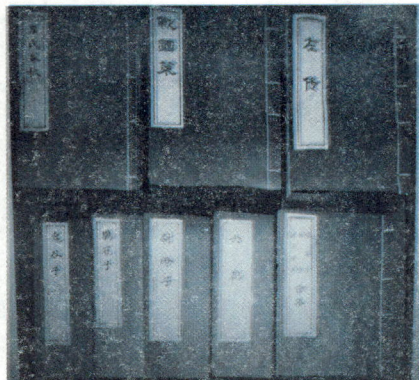

▲古代各种兵书荟萃

司马穰苴严肃地问军正："随意闯入军营，是什么罪？"

军正回答说："死罪！"

司马穰苴说："国君的使者是不能杀的。"然后，他命人斩了车夫，杀了最左边的那匹马，还把车左边的立木砍掉。三军无不震慑。

司马穰苴对士卒却非常关心爱护，常把自己的粮食分给士兵，以至于他自己得到的粮食还不如一个士兵多。

他就这样树立了威信，只要他指挥战斗，士兵无不奋勇直前。就是生病的士兵也自愿上战场。

司马穰苴凭借他的杰出军事才能，立下赫赫战功，先后收复了黄河两岸，官至大司马。这却引起了朝内大夫的嫉妒，他不断遭受污蔑毁谤，最终被齐景公罢免了职务。他悲愤不已，抑郁而死。

司马穰苴死后，留下了一本著作，后世称为《司马法》。

《司马法》涉及了军事学的各个方面，包括军队编制、指挥联络方式、军队礼仪、奖惩制度等等。

《司马法》使打仗第一次有了规范和底线，对后来军事家的影响极大。《孙子兵法》里面的"将在外，君命有所不受"这句话，就是司马穰苴说的。

司马穰苴之后，各种兵书陆续出现，好像果子成熟了一样累累不尽。

最著名的是孙武的《孙子兵法》。

《孙子兵法》是世界上第一部"兵学盛典"，对战略战术做了详细的阐述；细致地论述了如何分散、集结、迂回等；如何观察敌情；如何根据地形、环境选择战术等；还

总结了特殊战法，如火攻、间谍战等。

受到司马穰苴影响的还有吴起。吴起的兵法书称为《吴子》。《吴子》完整精深，将战争分为5类：义兵、强兵、刚兵、暴兵、逆兵；主张义兵，反对强兵、刚兵、暴兵、逆兵。

孙膑的《孙膑兵法》是又一兵学力作。《孙膑兵法》的重大贡献，是强调了人的重要作用。另一重要贡献是，他提出了十几种阵法，即：方阵、圆阵、疏阵、有数阵、锥形阵、雁行阵、钩阵、玄襄阵、火阵、水阵。

《六韬》是战国人假借吕尚之名撰写的军事论著。《六韬》包括：文韬——治国用人的策略；武韬——用兵的方法；龙韬——军事组织；虎韬——战争环境、武器与布阵；豹韬——战术；犬韬——军队的指挥训练。

《尉缭子》是秦朝的大梁人尉缭所著。《尉缭子》强调，作战要善于先发制人，做到虚虚实实；营内道路纵横，每隔120步都要设岗哨；士兵以5人为伍，10人为什，50人为属，100人为闾；不同部门的兵士要佩戴不同颜色的徽章、旗帜和羽毛，便于区分；为保守秘密，大军尚未出发前，设戒严区，不准任何人通行。

这些兵书标志着古代兵学已经成熟了，已经"熟透"了。

扩展阅读

对于情报通信传递系统，西周称"传""馆"；春秋战国称"遽""邮""置"；秦汉魏晋称"驿"；唐朝称"馆"；宋朝称"急递"；元朝称"站赤"；明清称"邮驿"。

◎以少胜多的玄秘

吴国国君阖闾打算攻打楚国，召集群臣商议策略。

谋臣孙武阻止他，说攻打楚国是劳民伤财的做法，目前吴国还不具备打胜仗的条件。

阖闾问孙武有什么想法。

孙武说，吴国可以用"彼出则归，彼归则出"的办法来使楚军疲劳不堪，慢慢地消耗楚军的实力。

具体做法是：将吴国军队分成3个军，每次只用一个军去骚扰楚国边境，让楚军没有喘息的机会。

阖闾同意了。

在接下来的6年中，吴军开始没完没了地到楚国边境捣乱。每一次，楚军一出兵，吴军就撤走。等楚军回去后，吴军又换一个军去骚扰，楚军只好又奔过来。就这样，楚军每天疲于奔命，疲劳不堪。

▲孙武像，正在书写兵书

折腾了整整6年后，孙武认为攻打楚国的条件已成熟，便报告给吴王阖闾。阖闾便带着孙武和伍子胥正式进攻楚国。

吴军的行军路线，经过了精心安排，让楚国始料未及。

从苏州到江陵，这其间有1000多里路。但吴军没有走直路，而是走了一条曲折的路线：他们从淮河往西逆流而上，在淮汭登陆；经武阳关、九里关、平靖关，抵达汉水。

楚军万万没有想到，吴军会走这样一条迂回路线，汉水根本就没有设防。

仓皇之中，楚军急忙派大军赶赴汉水西岸，与吴军隔水对峙。

孙武只有3万人，楚军有20万人。楚军将领沈尹戌分析，楚军虽兵力多，但都分散了，一时难以集结，而吴军远道而来，不熟悉地形，可以先从正面牵制吴军，自己去后方搬兵。搬来救兵后，再神不知鬼不觉地绕到吴军侧后方，捣毁吴军船只，阻断吴军退路。这样一来，吴军前有楚军，后也有楚军，腹背受敌，必败无疑。

沈尹戌的计谋是周密的，可惜大将子常没有执行。

沈尹戌风尘仆仆调兵去了之后，子常认为吴军人困马乏，可速战速决，便下令渡水作战。

孙武早就识破了楚军两面夹击的计策，他见子常来进攻，担心救兵已到，为以防万一，便撤离汉水东岸，往大别山方向去了。

子常求胜心切，以为吴军胆怯，便火速追击。

在小别山与大别山之间，吴军已占据有利地形，正等着楚军送上门来挨打。子常没有对地形进行理智分析，便匆匆忙忙发起进攻。结果遭到了吴军沉重的打击，损伤惨重。

子常这时候想偷偷逃命，被另一位将领史皇大声斥责，只好硬着头皮应战。

到11月18日这天，两军在柏举对阵。

吴国将领夫概带领5000精兵，先发制人，对楚军发起猛攻。子常本来就无心恋战，加之将士萎靡不振，怎么经得起强攻猛打？阵势很快就被打乱。

吴军远远瞧见，便全军出击了！

楚军溃不成军，子常好不容易才突出重围，仓皇逃跑，投奔郑国去了。史皇战死。

楚军剩下的残兵败将，像一群无头苍蝇般向西面逃去，吴军紧追不舍。楚军见追兵赶来，便背向河水，打算与吴军决一死战。这时，吴军停止前进。

楚军见吴军迟迟不发动进攻，便纷纷跳入河中，游向对岸。就在他们泅渡到一半的时候，吴军突然发起攻击。楚军全军覆没，鲜血染红了河水。

楚军另一部分被打散的残军，也被吴军追得连喘气的机会都没有。他们做好了饭还没来得及吃，就见追兵杀过来，他们又累又饿，疲惫不堪，到处逃窜。

等沈尹戌带着援兵赶来后，见此情景，又气又急，全力以赴地反攻。但是，他很快就被吴军包围了。他多次组织突围，都告失败，绝望之下，他拔出长剑，递给部下，令他砍下自己的头颅。

吴军还在追击，一连打了5次战役，都大获全胜。

楚昭王见大势已去，带着家眷和亲信一溜烟逃走，楚军顿时解散了。

公元前506年11月29日，吴军攻占楚国首都郢，楚国灭亡。

柏举之战，吴军以3万兵力击败楚军20万大军。双方力量极其悬殊，这不能不归功于孙武等指挥者的高超谋略。从长达6年的疲楚战略到迂回行军，再到灵活多变的战术，吴军步步为营，创造了战争史上以少胜多的神话。

⚔ 扩展阅读 ⚔

宋楚发生"泓之战"，宋襄公有"四不"原则：不攻击受伤之敌；不俘虏老兵；不战处于险境之敌；不杀没摆好阵势之敌。他很仁义，但仁义让宋国大败，饱受国耻。

◎第一支"特种部队"

有一个鲁国人，因为水源问题与政府发生纠纷，遭到惩罚，心里强烈不满，在愤恨中，离开了鲁国，投奔了吴国。

吴王夫差准备攻打鲁国，此人便派上了用场，当起了向导。

在他的带领下，吴国军队从偏僻的沂蒙山区神不知鬼不觉地潜入鲁国国境。不出几日，就打到了距鲁国首都只有30多里的泗水。

这支军队的突然袭来，就像从天而降的天兵，使鲁国惊愕不已，惶恐不安。

在这个危难之际，鲁国大夫微虎对鲁国国君说，吴国大军逼来，若跟他们硬打，胜利的可能性很小；只有想法把夫差绑架了，才有可能让吴国退兵。

鲁国国君同意了微虎的建议。

微虎马上着手组建一支部队。他先从军中挑选了700名精壮士兵，让他们一连3次跳过用木格子做成的障碍物，用这个办法来考验士兵的身体素质和灵活性。

他还对士兵的驾车、射箭等作战技能进行考试。通过考试，他录取了其中300名优胜者，组成了一支特殊的部队。

这支部队，从一开始的构想、决定，以及考试选拔，到开始行动，只用了一夜时间；士兵个个身怀绝技，具有很强的作战能力；他们的目的也很明确，就一个：绑架夫差，解除鲁国危机。

从这些特点来说，这支肩负着特殊任务的部队，是世界上最早的一支特种部队。

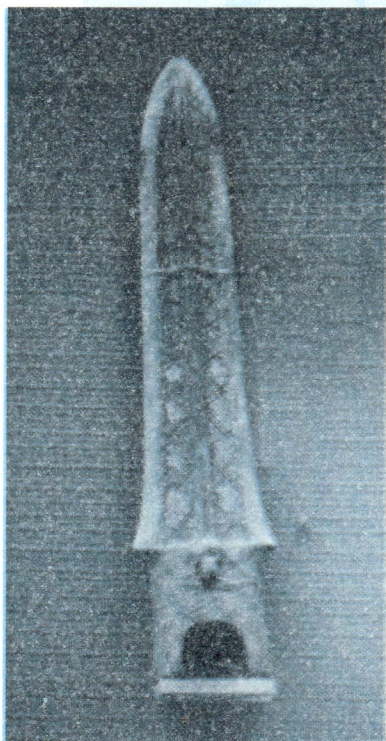

▲玲珑精巧的夫差矛

微虎率领着这支队伍，迅速启程。

微虎一走，鲁国的大夫们就不放心了，因为绑架最高统帅毕竟不是一件容易的事，他们担心偷鸡不成蚀把米；那300名士兵可都是鲁国的精英啊，不能白白送入虎口。

由于过分担心，鲁国又十万火急地派人将走在半路的微虎追了回来。

这支特种部队就这样没有完成它的使命。但是，由于吴王夫差已经得知微虎组建了一支强悍的军队吓得不行。他担惊受怕，连觉都睡不安稳，一个晚上竟然换了3次睡觉的地方。

没过多久，坐立不安的夫差便主动向鲁国议和了。

扩展阅读

步兵是古代第一个诞生的兵种，士兵组成最多。战国时，诸侯各国的步兵从几十万到百万不等。史书中的"徒兵"，是徒步士兵，即步兵。但在战争中伤亡大的也是步兵。

◎诡异的水战

赵襄子是一个很独特的人。有一次，他带着一批兵士来到夏屋山，摆上酒席，派人去请他的姐夫——代国国君。代国国君欣然赴宴。

席间，赵襄子不断向国君敬酒，国君一阵豪饮。突然，赵襄子向兵士做了暗示，只见一人走近国君，假装为他斟酒，却趁其不备，用斟酒的铜勺子猛刺国君。国君的随从还未弄清是怎么回事，赵襄子的其他部下便纷纷拿起铜勺子向他们刺来。

代国国君被杀，赵襄子马上攻打代国，将代国消灭，占有了代国领土。赵襄子的姐姐极为悲愤，拔出发簪自杀了。

赵襄子是晋国人，晋国国君名存实亡，晋国被掌控在四大家族手中。赵襄子便是这四大家族之一，此外还有智伯、韩氏和魏氏。势力最大的是智伯。

智伯仗着位高权重，不把赵襄子放在眼里。

一年，晋国攻打郑国。智伯和赵襄子各率一支队伍前往。到了郑国，智伯为了保存自家实力，让赵襄子先去攻城。赵襄子不肯，找了个借口，委婉地拒绝了。

智伯见赵襄子竟敢不听自己的话，恼羞成怒，破口大骂："你不但长相丑，还胆小怕事，我想不通为什么会选你做家族继承人？"

赵襄子的部下都感到愤怒，赵襄子却面不改色，笑答道："我确实长得不好看，也不勇猛，但我有个特长，能忍辱负重。我想这大概就是我能成为继承人的原因吧。"

过了4年，巧得很，赵襄子再一次与智伯一同出征。在喝酒的时候，智伯带着几分醉意，强行要求赵襄子喝酒。赵襄子不愿喝，智伯便走过去，端起酒杯强灌赵襄子，赵襄子拒不多喝。智伯假装癫狂，顺手抓起酒杯砸向赵襄子

▲越王勾践使用的青铜剑

的脸。酒洒了赵襄子满脸，酒杯砸伤了他的脸，他面无表情，什么也没说。

回去后，赵襄子的部下摩拳擦掌，要求发兵攻打智伯，以泄羞辱之恨。赵襄子劝阻，说他被选为继承人，就是因为能忍辱负重，他怎么能连这点儿羞辱都不能承受？听赵襄子这么一说，部下就不再说什么了。

智伯在晋国的权势越来越大了，独吞晋国的野心也日益膨胀。有一日，他无端地向其他三大家族索要100里土地。

韩氏和魏氏惧怕智伯，乖乖地将100里土地送给了他。赵襄子却一口回绝了。

智伯没想到赵襄子如此大胆，竟敢公然拒绝自己，怒不可遏，以此为借口，硬是拉上韩氏、魏氏，一同举兵攻打赵襄子。

智伯联军与赵襄子打了一年多的仗，也未见分晓。赵襄子守在晋阳城，安然无恙。

夏天到了，烈日炎炎。一个早晨，智伯突然心生一计，派人去将晋水汾河的堤坝捣毁。

没过多久，天下起了暴雨，导致山洪暴发。由于河堤被智伯摧毁，滔滔河水像千军万马一样奔泻而下，顷刻之间，整个晋阳城变成了水城，粮食被淹没冲走。一连多日，城中军民没有饱腹之物。无奈之下，他们架着锅烧饭，互相交换子女煮了充饥。军民身心疲惫、人心涣散，晋阳城危在旦夕。

在这危急时刻，赵襄子召集众人，说道："韩氏、魏氏两家并不希望我们灭亡。我们与他们的关系，就像嘴唇和牙齿

▲在波涛汹涌的水上作战需要强大的军事技能，图为翻卷的古江水

一样。我们若灭亡了，智伯就更加肆无忌惮，他们也会落得与我们一样的下场。所以，只要我们说服这两家，就有救了。"

众人觉得这番话有道理，纷纷赞成。

赵襄子便派人连夜偷偷出城，潜入韩、魏两家营寨，告诉他们"唇亡齿寒"的道理。

韩氏、魏氏本就不想作战，都是在智伯的逼迫下而为的，所以，他们同意倒戈。

深夜时分，智伯尚在睡梦中，突然被一片震耳的声音惊醒。他慌忙起身，看到军营里一片大乱，地上满是积水。

水势迅速上涨，顷刻之间，整个军营一片汪洋。

怎么回事儿？智伯感到很诡异。

原来，智伯不久前又派人修筑了晋水大堤，打算继续蓄水，攻晋阳城。但是韩氏、魏氏却在朝向智伯营寨的一面掘开了堤坝，滔天的洪水顿时涌向了智伯的军营。

智伯不知就里，迷迷糊糊地只觉奇怪，拿着武器召集军队。

但赵襄子已从正面杀过来，韩、魏两军也从侧面发起攻击。智伯三面受敌，被打得落花流水，全军覆没。

赵襄子杀了智伯，将他的头骨做成了酒杯，以泄心头之恨。

晋国从此变成三卿之争，而后，赵、韩、魏发展成了3个诸侯国。

扩展阅读

吴国灭亡是因为吴王夫差把重点防御放在了江河沿岸，因为那里无法预知敌方登陆点，防御起来很被动。但水域多不利于大战，若他能安抚人心坚守，尚有胜算。

◎地听：最早的遥感系统

楚国打算攻打宋国，公输班为楚国制造了云梯，用来攻城。

墨子反对战争，主张和平，提出"非攻""兼爱"等思想。他听到这个消息后，特意从鲁国长途跋涉前往楚国。

在郢都，墨子见到了公输班。他对公输班说："有人欺侮我，我想让你帮我杀掉他，事成之后，我送给你十两黄金做报酬。"

公输班说："我是一个讲道义的人，不会无缘无故杀人的。"

墨子说："那么，宋国又有什么罪呢？你却帮楚国造云梯，去攻打宋国。楚国人少，土地多，拿自己本来就不多的民众去换取自己并不缺少的土地，这显然不是聪明的举动；去攻打没有罪行的宋国，更谈不上仁爱；你懂得这个道理，却不据理力争，那是不忠诚；你口口声声讲道义，却要去残害无辜，这简直就是不明事理。"

一番话把公输班说得心服口服，他带着墨子去见楚国国君。

墨子又对楚国国君说："我听说，有个人把自己华丽的车子丢掉，看到邻居有破车子，便想去偷；把自己的绸缎

▼《墨子》著作中所记载的攻城法

衣服抛弃，看见邻居的粗布衣裳，就想去偷；把自己的白米肥肉丢掉，看见邻居有米糠，便想去偷。请问，这人是怎么回事儿？"

楚王忍不住想笑，答道："这人一定得了偷窃病吧。"

墨子说："楚国有疆土五千里，宋国的疆土只有五百里，这就好比华丽的车子和破车子；楚国的长江、汉水里的珍稀物种数不胜数，可宋国连野鸡、兔子、鲫鱼都没有；这就好比白米肥肉和米糠；楚国有许多名贵树木，宋国却树木稀少，这就好比锦绣衣裳和粗布。楚国现在要攻打宋国，跟这个患偷窃病的人有什么两样？"

楚国国君沉默半晌，说："云梯都造好了，是一定要打的啊。"

墨子说："攻下宋国并不像想象的那么容易。"

为了证明自己的观点，墨子建议做一次模拟攻城演习。

墨子把衣带解下，当作城池，用竹片当武器。然后，他让公输班以云梯攻城。公输班利用不同的方法反复攻城，都没有成功。而墨子守城的办法还多得很。

公输班想了想，说："有一个办法可以对付你，只是我不说。"

墨子笑着说："我也知道你要怎么对付我，我也不说。"

楚国国君很好奇，忙问什么办法。

墨子告诉他，公输班的意思是，只要把他杀了，宋国就可以攻下了，可是，杀他无用，因为他的300多名学生早就拿着守城器械，在宋国做好准备了。

于此，楚国国君不得不放弃了攻打宋国的想法。

墨子后来专心写书，在《墨子·备穴》中，他写道：在城边挖井，每隔5步远，挖一口井；用能装40斗水的陶罐，把罐口蒙上薄牛皮，再把罐子放到井里，让听力好的人把耳朵贴在罐口，就能听到哪个方向有敌人在挖地道；然后，自己也去挖地道，就能偷袭敌方。

▲做工考究的古代云梯

敌方在挖地道时，音响在地下传播的速度快，能引起缸体共振，这样就能探测到敌人的地下方位。这种方法，后来也被用于地面侦探。而这种装置，叫"地听"。

地听，利用遥感技术的特性，能有效探测到敌方声源方向。墨子所写的地听，其实就是世界上最早的窃听器。

到唐代时，窃听器有了更大的改进，更便于携带，更有效。

让睡眠少的人，枕着葫芦形状的空心枕头——胡鹿。30里外的人马行走的声音都能听到，来自四面八方的声音也都可以探测到。

用野猪皮做的胡鹿，探测效果更好。

明朝时，军中设有"听子"——一到晚上，军阵前面百步开外，都有两个专门负责窃听的士兵，他们就是"听子"。听子交替值班，整夜监听。

宋朝人则发明了"剪囊听枕"，即用装箭用的牛皮袋子充上气，睡觉的时候，就将它作为枕头。

这种枕头，其实是一种利用声学效应的共鸣箱。人枕在上面，几里内有人马的声音，都能听到。

明末将领张献忠就经常用这个方法，多次探测到敌军的动向，从而使军队做出了迅速的反应。

江南还有一种竹管窃听器，就是把毛竹内节凿穿，多根连一起，埋在地下、水中或建筑物里面，有监听效果。

扩展阅读

明清有一种军事秘密暗号，叫"路符"。就是在路上做记号。若有人在前面接头，就画大圆圈；若有人协助行动，就画蛇；若要进行刺杀，就画5个并排的三角形。

◎打造"职业战士"

鲁国国君听说吴起很有名，善于用兵，有心起用他为大将。一个大夫反对，说吴起是卫国人，卫国与鲁国是兄弟国家，但吴起的妻子是齐国人，齐国与鲁国是敌对国家，不能用。

鲁国国君听了，似乎有些道理，便罢了起用吴起之心。

吴起听说后，回到家立刻将妻子杀了，以此表示对鲁国的忠诚，实现做大将的目的。

鲁国国君大受触动，便正式任命吴起为将军，去与齐国对阵。

一到前线，吴起便叫人给齐军送信。信上说，愿意跟齐军和平谈判。

另一方面，他暗中积极备战，却又故意把老弱残兵安排在中军。

齐军见吴起急着议和，又见他的中军都是一些无能兵士，暗自嘲笑，放松了警惕。

▲坚固的战车车轮

就在齐军松懈的时候，吴起突然点将，以迅雷不及掩耳之势，对齐军发起突袭。齐军毫无防范，临时组织还击，但为时过晚。鲁军就此取得胜利，消灭了齐军一半以上的将士。

吴起首战告捷，引起鲁国朝内某些大夫的嫉妒。

一个大夫对鲁国国君说，吴起是个不孝之子，他母亲去世，他都不回家奔丧；这还不算，他还相当残暴，由于乡邻耻笑了他，他就杀了30多个人泄愤。这样的人怎么可以用呢？

鲁国国君犹豫不决。旁边又一个大夫说道，吴起是卫国人，他不在卫国做官，却跑到鲁国来。卫国与鲁国是友好邦交，现在用了吴起，势必会伤了和卫国的关系。

鲁国国君考虑再三，终于解除了吴起的军权。

吴起大为失落。他听说魏国国君比较开明，便离开鲁国，前去投奔魏国。

到了魏国，吴起托人举荐自己。魏文侯不知吴起人品如何，便问大臣李悝。

李悝面无表情地说，吴起这个人，人品算不上好，贪图荣华富贵，还好女色。但他确实是一个用兵的奇才，就是司马穰苴也不如他。

魏文侯听了，便任命吴起为魏国大将军。

事实证明，魏文侯用吴起这个人是用对了。

吴起对军士关爱备至，能做到身先士卒，他在军营里很得人心，人人都愿意听从他的指挥。有一次，一个士兵生了疮，吴起居然用嘴巴为他吸脓。士兵的母亲听说之后大哭不止。旁人好奇，问她怎么这样伤心。她说："吴公曾经为他父亲吸过脓疮，他父亲作战时便勇往直前，最后战死沙场。如今，吴公又为我儿子吸脓疮，看来，我儿子也要战死沙场了。"

▲朦肥体壮的古战马雕塑

吴起重视对士兵的训练，为提高士兵的作战能力，他改革了军事制度，建立了"武卒制"。

武卒制开创了士兵选举制，这个制度规定：士兵若能身穿全副铠甲、拉动30公斤的强弩、背50个以上的箭矢，并带上戈和剑，还有3天的口粮，在半天时间跑完100里路程，就可以当选为武卒。

武卒有许多优待，家属可享受免除徭赋和田宅租税。

这种选兵制度，称得上科学治兵。当秦军进犯河西时，武卒制充分发挥了作用。吴起只派了5万名步兵、500乘战车、3000骑兵，前去迎战。而他要面临的是50万的秦军。令人难以置信的是，魏军奋勇无比，以一抵十，竟然将50

万秦军打得落花流水。

这成为了中国战争史上以少胜多的范例。魏国因此跻身战国初期的强国之列。

吴起利用武卒制打造了"职业战士"后，魏军先后打了76次大仗，其中64次大获全胜，为魏国拓宽了一千多里的领土。

吴起战功显赫，使魏国贵族们担忧起来，害怕吴起威胁他们的地位，暗地里便密谋诛杀吴起。

吴起深知魏国不能再继续待下去了，便悄然离开，前往楚国。

吴起一到楚国，就被委以重任，担任丞相。但他的杰出才干同样引起楚国贵族的恐慌，因碍于楚国国君，所以不敢轻举妄动。不久，国君病逝了，贵族们便群起而追杀吴起。吴起无处躲藏，走投无路之下，奔到国君尸体旁，扑在尸体上。他以为追杀他的人不敢射杀他，因为射他就会射到国君，那他们就成了叛逆的罪人。然而，无所顾忌的贵族们还是发射了利箭，吴起中箭身亡。

一代名将吴起就这样消失在历史深处。但他的思想并没有消失，他先进的战争观和辨证的战略战术思想，他那先进的武卒制，在军事史上留下了浓墨重彩的一笔。

扩展阅读

古代军事家认为，明了地形，使马便于驰骋；把马喂得肥壮，使马驾起战车来自如疾速；定期维护战车，便于运载战士。只有地形、马、车、人等俱各精当，方可胜。

◎算命般的"地形战"

战国时孙宾改名的这段故事引出了一场军事史上"地形战"之奇计。

齐国人孙宾在4岁时，母亲就死了，到9岁时，父亲也死了。他只好跟着叔父四处逃难，谁知，在半路上，又跟叔父走散了。

纵横家鬼谷子收留了孙宾。见他聪慧，教他兵法。跟孙宾一起学习的还有庞涓。两人年龄相当，像亲兄弟一样友好。

一日，魏国国君发布消息，广招天下贤士。庞涓一心想着功名利禄，决定下山。孙宾劝他继续把学业完成。庞涓不听，执意要走。两人含泪告别。

庞涓到了魏国，当上了将军。不知怎么，魏国国君听说了孙宾，便让庞涓把孙宾推荐来。

庞涓来到鬼谷，转达了魏国国君的意思。孙宾学业有成，便答应了。

孙宾与鬼谷子告别时，鬼谷子交给他一个锦囊，告诉他，这个对他一定会有帮助，不到危急时刻别打开。

孙宾将锦囊放在贴身衣服里藏好。

孙宾来到魏国后，深受魏惠王的信任，委以重任。

一次，庞涓与楚国作战，双方在方城对峙。庞涓为一时难以取胜而苦恼。孙宾便用"上屋抽梯"的计谋，帮助庞涓打败了楚军。

庞涓又去攻打韩国。秦国趁机围攻魏国。危难之际，孙宾使用疑兵之计把秦军吓退。

魏国国君更加赞赏孙宾，孙宾的声望和才能远远超过了庞涓。

庞涓心生嫉恨，暗下圈套，使得魏国国君怀疑孙宾叛国，把他判了个膑刑，即砍掉双脚，使他成了瘸子。

庞涓把孙宾接到家里，精心医治，悉心照料。孙宾感激不尽，表示要把所记得的兵法写出来给庞涓，以报答他的救命之恩。

一个给孙宾送饭的小孩见他遭受不幸，便对看守说，整天写兵法太累了，让他休息几天吧。看守大怒，呵斥小孩，说就是要让他赶快写，写完就饿死他。

小孩大吃一惊，偷偷告诉了孙宾。孙宾这才恍然大悟，自己的遭遇全都是庞涓陷害所致。

孙宾在绝望中突然想起鬼谷子给他的锦囊，于是打开锦囊，见里面写着两个字："装疯。"孙宾领悟了师傅的意思，把写好的兵法烧掉了，然后装疯。

庞涓怀疑孙宾装疯，令人把他丢到猪圈里去，派人暗中盯梢。孙宾在猪圈里倒头就睡，满身猪粪也毫不在意。饿了就抓猪粪吃。庞涓便不再怀疑孙宾，对他的防范也逐渐松懈了。

后来，齐国一个将军救出了孙宾。孙宾便成了齐国的谋士。为了不忘膑刑之仇，孙宾从此改名为孙膑。

公元前342年，庞涓领军10万、战车1000辆、兵分3路进攻韩国。韩国急忙求助于齐国。齐国派孙膑等前去支援。

▲ 多种版本的《孙子兵法》

这次，孙膑与庞涓进行了一场大战。这是一场极为漂亮的地形战。

齐军长驱直入逼近魏都安浥。孙膑认为，魏军自恃骁勇，急于决战，若抓住他们的这个心理，装出胆小怯战的样子，用减灶的办法诱敌尾随，然后击之，定然能胜。

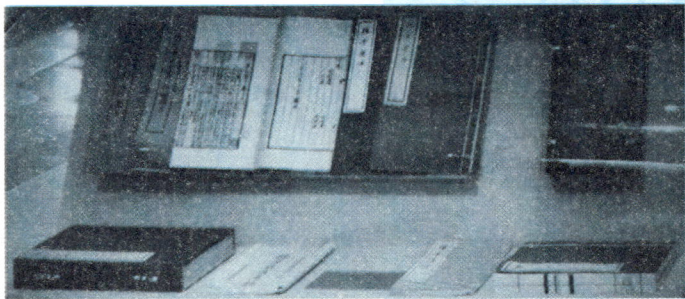

庞涓不知孙膑的想法，他听说齐军已经逼近魏国都城后，慌忙率军回国。等他回来的时候，见齐军已经向后撤退，他紧追不舍。

一路上，庞涓都在观察齐军烧饭时留下的土灶。第一天，庞涓看见齐军有10万口军灶；到第二天，只剩下5万口军灶了；到第三天的时候，竟然只剩有3万口了。

庞涓大笑，齐国士兵真是胆小如鼠，不到3天时间，就吓跑了7万人！

于是，他只带着少数骑兵连夜追赶齐军。

孙膑早就计算好了庞涓的行军速度，知道他会在傍晚时分到达马陵道。他便在马陵道设下埋伏，专等庞涓送上门来。

马陵道的两面都是高山，树木丛生，山势险峻，地形极为复杂。孙膑让士兵砍倒树木，将狭窄的山路堵死。在路旁的一棵大树前，孙膑又命人剥去一块树皮。他走上去，在树干上写下几个大字：庞涓死于此树下。

孙膑好像算命似的，成竹在胸，志在必得。

写完之后，孙膑命令在两边密林中埋伏1万弓箭手，晚上一见树旁有火光，就立刻放箭。

▼整齐有序的方阵

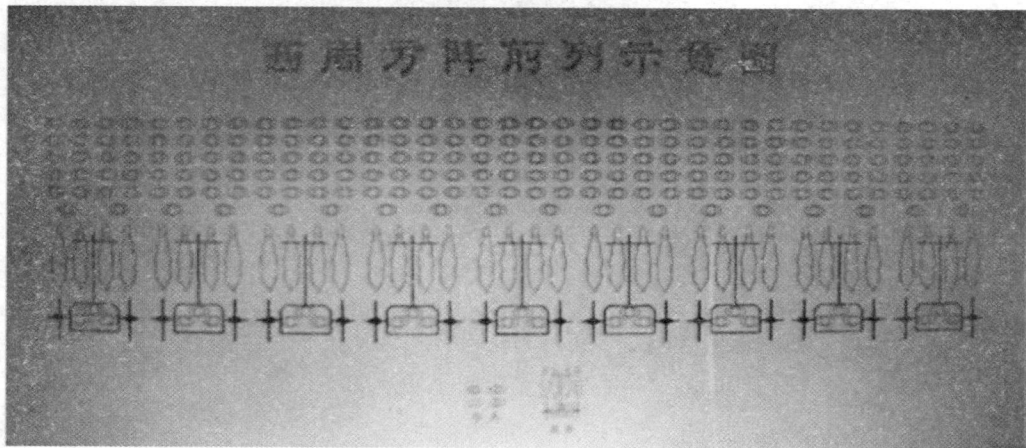

　　黄昏时，庞涓率军追到马陵道，见路旁有一棵大树，上面隐隐约约写着一些字。他很奇怪，便叫人点燃火把。借着火光一看，当下大惊失色。与此同时，雨点般的箭从两边密林中射出来。魏军倒下一片，乱作一锅粥。

　　庞涓身中数箭，自知性命不保，拔剑自刎。

　　齐军乘胜追杀，大胜魏军。

　　马陵之战是历史上一场以逸待劳、设伏聚歼的典范战例；也是一场有声有色的地形战，充分利用了地理条件的优势。

　　古人总结出6种地形：通、挂、支、隘、险、远。

　　通，是指敌我双方都可以来去的地域。在这样的地形中，应抢占地势高而向阳的地方。

　　挂，是指可进、难退的地域。在这样的地形中，若敌方有所防备，就不要轻易攻击，否则难以撤退。

　　支，是指敌我双方出击都不利的地域。在这样的地形中，应诱敌出击，待敌军出击一半时，发起攻击。

　　隘，是指狭窄的地域。在这样的地形中，要用重兵堵塞隘口，如果没有重兵，就快速攻下。

　　险，是指地势险要的地域。在这样的地形中，若敌人占据了地势高而向阳的地方，就不要进攻。

　　远，是指在偏远地域。在这样的地形中，敌我势力相当，不宜攻击。

　　孙膑就是因为对地形有所了解，所以才打败了庞涓。

扩展阅读

　　兵法中的"阵"，一般都是指方阵。方阵由左、中、右3个方阵组成。一个方阵所占面积巨大，所以，两军对垒时，都要选择平坦开阔的平原地带作为主要战场。

◎是谁让骑兵成了独立兵种

骑兵是战争中的重要兵种，它的发展，与赵武灵王有关。

赵武灵王继位时，年仅15岁。魏、楚、秦、燕、齐5个国家，以参加葬礼为借口，各带精锐部队，打算趁赵武灵王年幼，瓜分赵国。

赵国面临生死存亡的危机，大夫肥义站了出来。

肥义让赵武灵王宣布赵国戒严，又联合盟国韩、宋，合力抗敌。

紧接着，肥义又帮助赵武灵王买通越国国君，怂恿越国攻打楚国；又重金贿赂楼烦王，让楼烦攻打燕国和中山国。

在这种情况下，燕、楚虽然强盛，但也顾不上去对付赵国了。

在葬礼这天，赵武灵王下令，前来参加葬礼的国家，只能派使者带吊唁之物入境，军队一律不得入境。

▼身手矫健的胡人骑射

就这样，五国联盟的阴谋被粉碎了，灰溜溜地撤兵回国，赵国化险为夷。

之后，赵武灵王做了一件非常了不起的事情：他组建了一支骑兵队伍。

这是历史上的第一支骑兵队伍，赵武灵王也是历史上第一个使骑兵成为独立兵种的人。

中国很早就出现了骑

兵，但以往的骑兵都很落后，在实战中，步兵和车兵为主要攻击力量，骑兵从不曾是战场上的主角。

小小的赵武灵王为什么会有建立骑兵部队的想法呢？

原来，赵国与好几个游牧民族接壤，赵国人中，也有很多胡人和胡人后裔。因此，赵国境内，游牧文明盛行。赵武灵王注意到，胡人的生活和军事几乎融为一体，他们穿着短衣紧裤，善骑善射，冲杀自如，灵活机动。他觉得，胡人的服装值得研究，骑射技术也值得研究，他想向他们学习。为此，他悄悄地派出许多间谍，深入到游牧部落中，偷偷地学习骑射，了解胡人的服饰。之后，他便改进了骑兵的作战方式和服装，使骑兵更适合实战。

赵武灵王的举动，是极为大胆、极为有魄力的。因为在当时，胡人被认为是野蛮人、是不开化的落后的人，是被鄙视的，而不是被尊重和学习的。而赵武灵王却不这样看，他敢于冒险，尊重胡人的长处。

在他的肯定和提倡下，胡人的语言、医药、服饰等，在赵国都得到了发展。胡人在军中得到重用，培养出许多优秀的骑兵。

为了支持骑兵，赵武灵王还亲自"做广告"，他穿着轻便短小的胡服，带着胡风烈烈的骑兵，前去攻打中山国。战役开始，便所向披靡，无所阻挡。

当他乘胜归来时，赵国对胡服骑射已经彻底信服。

这也大大地震动了其他诸侯国，纷纷效仿赵国，加紧组建骑兵队伍。

骑兵是一个要求极其严格的兵种，对将士的选拔、训练，都很慎重。骑兵也是耗资最高的一个兵种，装备1个骑兵的费用，超过10个步兵。1个骑兵配有2匹战马，弓箭也是特制的，拥有长刀和短刀，还要配备帐篷、水、口粮。一支骑兵队伍后面，还要配备很多后勤人员。有养马的、收集牧草的，给马看病的，还有伺候骑兵起居生活的仆人。

尽管如此，为了增大战胜的筹码，各个诸侯国还是拼命地武装骑兵。

赵武灵王更是重视骑兵，他专门建立了一个政府机构，负责管理马匹。

他还把骑兵的待遇，提高到与贵族不相上下的程度，使骑兵成了赵国的特权阶层。而一个士兵想要晋升为将领，必须要在骑兵队伍里服过役。

这样一来，赵国民间到处都是养马的人，学骑射的人。百姓都希望由此改变命运。

赵武灵王踌躇满志，他带着他的轻骑兵，渡过黄河，挨个儿征服那里的游牧部落。结果，这位出色的人，成为唯一一位征服赵国全境的君主。

▲繁盛的骑乘场面

骑兵的建立和改革，使赵国脱颖而出，一跃而成为战国七雄的强国之一。

赵武灵王每一年都要定期召开诸侯大会，他邀请诸侯前来，没有一个敢缺席。

赵武灵王还乔装打扮，骑马溜进秦国境内收集情报。他甚至还以使者的身份见了秦王，刺探情报。

如果没有发生立储风波的话，统一天下的很可能不是秦始皇，而是他这个"赵始皇"。

赵武灵王很喜欢两个儿子，长子是第一位夫人所生，幼子为爱妾吴娃所生。吴娃死前，请求立其子赵何为太子，

赵武灵王答应了，后来又后悔了。这下，他众叛亲离，被亲生儿子围困在内宫，无从逃脱。他吃树上的果子勉强维持了几日，在又饥又渴时，他还爬上树去掏鸟蛋充饥。在被困3个月后，他被自己的儿子活活饿死了。

扩展阅读

兵法认为击敌的好时机是：昼夜行军、破冰渡河时；天热饥渴时；断粮怀怨时；物资匮乏、阴雨连绵时；水土不服时；长途跋涉近黄昏时；将领暗弱时；爬山过险一半时。

◎最苦的情报专家

这日，燕昭王秘密召见谋士苏秦，对苏秦说出了自己的担忧："邻国齐国日益强盛，我很担心它会吞并燕国。"

苏秦献策道："可以让齐国去攻打宋国和楚国，让其他诸侯国来牵制齐国，削弱齐国的实力。另外，齐国和赵国是盟国关系，还要挑拨这两国的关系，使它们关系恶化。这样一来，燕国便高枕无忧了。"

燕昭王大加赞赏，派苏秦去完成这个任务。

苏秦便开始了他长达16年的艰辛的情报活动。

公元前300年，苏秦来到了齐国。他不断地向齐湣王进言，表示燕国始终坚定地支持齐国，齐湣王很高兴，解除了在燕国边境的防卫军队，还把以前占领的10座燕国城邑也都还给燕国。

燕昭王大喜，迫不及待地打算攻打齐国。苏秦急忙送信阻止，但燕昭王不听，还是发起了攻击。结果以失败告终。

苏秦被迫回到燕国。为了不被齐国攻打，苏秦让燕昭王赶紧向齐国道歉，这才免于灭顶之灾。

8年后，苏秦再一次准备前往齐国。

苏秦的身份是客卿。客卿可以同时在多个国家担任职务。但客卿也被看作半公开的情报人员，行踪被严密监视。一旦被觉察出真正目的，就将横死他国。

另外，苏秦在外奔波，若燕国国内对他不相信，他也有可能死于非命。

上次去齐国，就有燕国大夫对燕昭王说："苏秦是个不讲信用的人，对他不能以礼相待，不然别人还以为燕王也是小人。"燕昭王相信了。等到苏秦回到燕国后，竟然被禁止入住官舍。他没有栖身之所，只得流落街头，差点儿饿死。经过多次努力，才见到燕昭王。

因此，这次入齐，苏秦想要获得燕昭王的全力支持。

于是，临行前，苏秦去见燕昭王，给燕昭王讲了一个故事：有一个官员，常年在外就职，他夫人背着他勾搭情人。官员休假回家后，他夫人想杀死他，就在酒里下了毒。女仆为了救这位官员，上酒时假装跌倒，把毒酒泼掉了。可是，夫人嫌她碍事，官员嫌她笨拙，两个人轮番用竹板打她。这个可怜的女仆，如此忠信，却遭到了毒打。

燕昭王眨眨眼睛，没明白是什么意思。

苏秦说："我的处境，就如同那女仆啊，很可能会因为忠信招致杀身之祸。"

燕昭王恍然大悟，感慨万分，让苏秦放心，他这次一定会支持苏秦。

苏秦便去了齐国。

见到齐湣王后，苏秦表示，燕国为表达对齐国的友好之情，打算送50辆战车给齐国。

齐湣王顿时高兴得忘乎所以，居然忍不住将国家机密透露给了苏秦："前不久，秦国国君跟我说，让我与他一起称帝，我称'东帝'，他称'西帝'……"

苏秦大惊！

齐、秦若联合称帝，就预示着这两大军事强国将会大肆扩张，那么，齐国的邻居燕国就是第一个遭殃的国家。

苏秦赶忙劝阻齐湣王，说这是秦国国君的诡计，决不能上当，秦国国君是用帝号来稳住齐国，好让他安心地去消灭其他诸侯国，等诸侯国都消灭完了，再来对付齐国。到时，齐国再也无法与秦国相抗衡。

齐湣王忙问有什么好办法可以解决。

苏秦说，齐国应当去攻打宋国，攻下宋国，齐国就占据了有利的战略位置，秦国就不敢把齐国怎么样了。

齐湣王被说服了，果真起兵攻打宋国去了。

秦国国君多次出面劝和，都遭到齐湣王的拒绝。秦国大怒，与齐国彻底断交。

苏秦的离间计成功了。但他还不满意，他建议齐湣王继续攻打宋国，秦国如果来帮忙，也不用怕，他将去游说燕、赵、魏、韩4个国家，让他们联合齐军共同抗秦。

为了燕国的利益，苏秦的苦旅又开始了。

苏秦首先去了魏国，一见到魏国国君，他就说，自己听到一个震惊的消息，是关于魏国的。

魏国国君大惑不解，忙问是什么消息。

苏秦故作惊讶地说："魏国有20万士卒、20万民兵、20万先锋军、10万后勤、600辆战车、5000匹战马，势力跟楚国差不多，可是，我听说，魏国竟然跟在秦国屁股后头混日子，您说这消息惊不惊人？"

魏国国君显得很羞愧。苏秦趁机劝他加入五国联军，一同对付秦国。魏国国君同意了。

苏秦又前往赵国。

苏秦问赵国国君："在山东一带，赵国最强，疆土是秦国的五倍，军备是秦国的十倍。秦国把赵国视为眼中钉、肉中刺，处处刁难赵国，而赵国居然对此置之不理，这说得过去吗？"

苏秦的一番慷慨陈词，说得赵国国君心服口服，答应加盟五国联军；还送给苏秦100辆车、2万多两黄金、3600米绸缎、100对白玉；封他为武安君。

苏秦谢过赵国国君，起程前往韩国。

见到韩国国君，苏秦说："韩国有军队几十万，天下最精良的武器都是韩国所制。韩国如此强盛，却心甘情愿地把疆土割让给秦国。韩国总共就900多里的疆土，能割几回？"

苏秦的话，大大触动了韩国国君的神经，激起了其对秦国的憎恨。没费多少工夫，韩国也加入了五国联盟。

▲设计独特的望楼车，用于野战时瞭望

公元前287年，五国联军对秦开战。

但事情并不像想象中的那么顺利。联军各怀心思，谁都不愿意损害自己的利益，造成行军缓慢，一度停滞不前。苏秦费心费神地四处奔走，苦口婆心地做工作，联军才继续前进。

面对五国联军浩大兵力，秦国不敢对战，只得求和，归还了以前所霸占的魏、赵领土。

苏秦的情报工作大功告成，既通过战争削弱了齐国的实力，又破坏了齐、秦两国的关系。

燕昭王急切地又想攻打齐国。苏秦分析，时机尚未成熟。

燕昭王见苏秦一而再、再而三地阻止攻打齐国，怀疑苏秦可能叛投了齐国。

有一天，燕昭王叫人秘密去见苏秦，告诉他，自己打算另用他人。

苏秦痛心不已，给燕昭王写了一封信，诉说了自己多年奔劳之苦，表明了自己对燕国的一片忠心。

苏秦从事的军事情报工作，确实非一般人所能胜任。他承受着来自精神和肉体的双重压力。一方面，他要搜集各国的情报，还要进行战略分析；另一方面，他要进行政治和军事外交；并且，他还要参与军事策划。这样的工作，是普通的战略间谍难以完成的。苏秦在军事史上是非常罕见、非常难得的奇才。

燕昭王看过苏秦的书信后，不禁悔恨交加，对苏秦不再怀疑，也打消了攻打齐国的念头。

但赵国的丞相怀疑起苏秦的身份和目的了，他限制了苏秦的自由，并把情况告诉给了齐湣王。

齐湣王大惊失色，派人到赵国审问苏秦。虽然没有查出什么问题，但苏秦还是被赵国关押起来了。

燕昭王得知后，派人与赵国交涉，赵国无动于衷。

燕昭王又直接向赵国国君发出严重抗议。赵国国君顾忌情势，斟酌再三，便释放了苏秦。

苏秦得释后，没有回燕国，仍旧前往齐国。他劝说齐湣王继续攻打宋国。齐湣王好像鬼迷了心窍，再次相信了苏秦，又一次发兵进攻宋国，把宋国灭掉了。

宋国的灭亡，激起了诸侯国对齐国的强烈不满，齐国的日子不好过了。

这下，苏秦的愿望终于完成了，他向燕昭王建议，可以攻打齐国了。

于是，一支浩浩荡荡的队伍径奔齐国而去，齐国很快陷入了绝境。

这时的齐湣王，才终于认清了苏秦的真正面目。他恼羞成怒，下令对苏秦实施"车裂"之刑。

在人头攒动的街头，苏秦就这样被五马分尸了。在长达16年的情报工作中，他不管形势如何险峻苦楚，始终忠诚、奋勇；他的一言一行，始终左右着一些诸侯国的决策。这在军事情报史上是不多见的。

扩展阅读

车战时，要两车相错才能格斗。也就是在右面厮杀。因为战车笨拙，车宽3米，前有4匹马的长度，若迎面交战，既无长兵器，马也会纠缠在一起，造成两败俱伤。

◎疯狂的火牛阵

齐国灭掉宋国后，引起诸侯们的强烈不满。公元前284年，燕、赵、楚、韩、魏5个国家组成联军，由燕国大将乐毅担任总指挥，大举进攻齐国。

齐湣王亲率主力迎敌，在济水西面遭遇联军。

一战下来，齐湣王就大败而逃。

乐毅见齐国溃不成军，动乱不堪，便叫其他4个国家的军队回国，自己只率燕军攻打齐国都城临淄。

乐毅率领燕军，在齐国如入无人之境，平均2~3天就攻下一座城池，半年之内，竟连夺70多座城。

乐毅所到之处，体察民情，安抚百姓，有100多位齐国名流都被封赏加爵。有时，为了不伤害平民，他宁可绕过城去，也不攻打城池。齐国百姓本来就对齐湣王不满，见燕军如此仁德，便都归顺了燕国。

唯有即墨和莒城守将拒不投降，坚守两座孤城，誓死抵抗。

乐毅考虑，如果硬攻，即使攻下了城池，也不能使齐人心服。所以，他只将两城围了起来，并不进攻。

这期间，乐毅采取了一系列安民政策，废除了苛政，减轻了税收，尊重齐人的风俗习惯，保护齐国文化。经过几年的苦心经营，乐毅俘获了齐国人的民心。

然而，意外却发生了——燕国国内发生了变故。

燕昭王驾崩了，太子即位，即燕惠王。燕惠王从前对乐毅心存芥蒂，把国内与乐毅关系密切的人都解了职。

这事被齐国的即墨守将田单知道了。田单是个出身平民的将军，很有智慧，他决定利用这件事挫败乐毅。

田单四处散布谣言，说乐毅半年能攻下70多座城池，却在5年内攻不下两座城池？这显然是另有图谋，乐毅是

想寻机叛变，在齐国自立为王。

燕惠王听知后，又惶恐，又愤怒。他随即派大将骑劫前去齐国，接替乐毅的职务，命令乐毅立刻回国。

乐毅知道回国必死无疑，他悲愤交加，在万般无奈之下，只好投奔赵国去了。

田单见赶走了乐毅，心中大喜。但是，他仍然不敢轻易反攻燕军。因为乐毅多年的安抚政策，使得齐国人对燕国颇有好感。

田单认为必须先激起齐民对燕军的仇恨，然后才能同仇敌忾，将燕军赶出齐国。

田单挖空心思，终于想到了一个绝妙的办法。他叫人放出话去，说齐民最怕两件事：一怕亲人被割掉鼻子；二怕被挖掉祖坟。

这话很快就传到了骑劫的耳朵里，骑劫振奋起来，觉得振威的机会来了。

这段时间以来，骑劫总是闷闷不乐，因为乐毅的离开，使无数将领痛惜不已，把厌恨都释放到他身上，对他的命令爱答不理。骑劫见将士不听从指挥，大为恼火，想找个

▲行军图中休憩的兵士

机会显示一下自己的能力，以震慑三军，树立威信。

骑劫将齐国的俘虏全部抓起来，排成队，把他们的鼻子割掉。再用绳索绑着他们，来到即墨城下，想震慑齐军。

即墨城内的百姓都蜂拥到城墙上，当他们看到亲人遭到这样的残害时，都怒不可遏。从此，齐民对燕军避之唯恐不及，都害怕被割掉鼻子。

骑劫不知就里，过了几天，又让军士挖掘齐人的坟地。齐民站在城墙上，看着亲人的遗骸遍地都是，悲痛地大哭起来。

骑劫更加得意，心想，齐民一定是被震慑住了。

他又让军士把遗骨堆放起来，点火焚烧。浓浓的黑烟腾空而起，怪异的味道很远都能闻到。齐民无不咬牙切齿，纷纷表示，要跟燕军决一死战，报仇雪恨。

田单暗喜，知道反攻的时机已经成熟。他拿出酒肉，让将士痛吃痛饮。

为了这场决战，田单还拿出了所有家当，连他的妻妾也被编入队伍，协同老弱者守卫城池。

田单命人将全城1000多头牛全部集中到一起，用红绸子裹在牛身上。在牛角上绑上锋利的刀子，在牛尾巴上捆上浸过油脂的芦苇。

天黑以后，田单让人在城墙上打了十几个洞，接着，点燃牛尾巴上的芦苇，将牛赶出洞去。

火炙烤着牛的屁股，牛无法忍耐，发疯似的冲向对面燕军兵营。燕军还没反应过来是怎么一回事，愤怒的火牛便迎面扎了过来，见人就刺，逢人便踩，燕军阵内顿时一片大乱。

庞大的火牛阵之后，是齐国的5000精兵。他们跟在火牛阵后面，奋勇冲击。城内居民，也都敲着锣鼓、瓢盆，高声呐喊，为齐军助威。

等骑劫反应过来，大声召集兵力还击时，根本无人听

从，纷纷四散逃走。骑劫难逃厄运，死于混战之中。

田单乘胜追击燕军，将所失的70多座城池，悉数收回。

这是军事史上第一场火牛阵，它瓦解了乐毅的怀柔战术，也令齐国得以恢复。

扩展阅读

"车御"就是驾驶战车的士兵，位置在战车中间。战车一般有4匹马，中间的两匹叫服马，另外两匹马叫骖马。作战时，车御要牢抓绳子驾驶战车，车技非常重要。

◎一次"静静的战争"

秦国攻打韩国，打到上党这个地方时，遇到了阻碍。

上党的太守冯亭坚决不肯投降。他想与韩国都城取得联系，搬取救兵，但道路被秦国封锁了，消息传递不出去，一切都被隔绝了。

冯亭很气愤，他把上党送给了赵国。这样一来，赵国就有义务保护上党了。

赵国派名将廉颇守住上党。廉颇率领20万大军，来到长平驻守。

秦军拼命攻打长平，想要通过长平去抢夺上党。但廉颇坚守不战。

廉颇的将士请求出战，廉颇说："秦军接连攻下韩国多

▼长平之战示意图

个城池，士气正旺，不能硬碰。而且，我军远道而来，将士疲惫不堪，不宜激战。从兵力上来看，敌强我弱，也不利于决战。所以，要坚守不出。"

廉颇命令军士加紧筑造工事，军士们沿着险要的山势，筑起了一道坚固的防线。

秦军无法前进，遭受阻塞，只能干着急。

秦军将领王龁急于作战，不断地派兵向廉颇挑衅；还让人大骂廉颇胆小如鼠，赵军不堪一击，想引起赵军愤怒，从而出兵。

廉颇却对秦军的挑衅视而不见，充耳不闻，毫不理会。

秦军毫无办法，急得团团转，也只能按兵不动。

双方军队就这样默默地日夜对峙，没有一点儿动静。

这场静静的战争，一直持续了3年之久。

廉颇在长平固守3年，粉碎了秦国速战速决的战略。廉颇显然是善于用兵的，因为坚守其实就是一种无声的战斗，它可以在自信的平稳宁静中慢慢摧毁敌方的锐气，为自己赢得更充裕的时间和余地。

扩展阅读

商朝末，"师"是军中最高编制单位，军中每个师2500人，拥有正规军5.5万。到春秋末期，使用"军、旅"为编制单位的极少。"军"的编制，出现在春秋之后。

◎一人坑杀40多万人

廉颇固守长平，致使秦国寸步难行。秦国犯了愁，想要除掉廉颇。怎么办呢？

有人想出了一个办法，带上金银财宝前往赵国，四处造谣，说廉颇好对付，秦军只怕赵括，廉颇之所以不战，是因为年老惧死。

廉颇在固守长平期间，赵国国君曾多次催促廉颇与秦军决战，廉颇总是按兵不动。赵国国君不悦，现在听到这样的话后便相信了，免去了廉颇的将军职务，改用赵括。

这个决定，在朝内掀起轩然大波。

大夫蔺相如出面劝阻，说赵括虽熟读兵书，但毫无实战经验，只能纸上谈兵，若让他去与强秦对抗，就好比把琴弦黏住再弹琴，又好比把腿脚捆住再去拼杀。

可是，赵国国君不听。

赵括的母亲也出面劝阻，说赵括此次去长平，只有死路一条！

▲武士用足踏开强弩攻击

赵国国君觉得这是耸人听闻。赵括的母亲立刻跪倒哭泣道，如果执意要赵括去，只求赵括战败后，不要让赵家老小受到牵连。

赵国国君觉得没那么严重，让赵括的母亲回去了。

赵括就此赶往长平，取代了廉颇。

秦国听说了，赶忙偷偷派出大将白起，日夜兼程赶往长平，替下原来的将领。

白起有战神之称，由他对付赵括，长平之战的结果是

可想而知的。

8月的一天，秋高气爽。赵括急于求胜，率兵攻打秦军。

白起一边撤退，一边暗暗在两翼布下精兵，只等赵括来追。

赵括不明虚实，昏头昏脑地钻进了白起为他设下的计谋里。

赵括一路追赶白起，白起躲在坚不可摧的防御工事里面，赵括无法攻破，徒然费力。

就在这时，白起布下的伏兵——位于赵括先头部队与主力部队之间有5000人，迅速地杀过来，将赵括的军队拦腰冲为三处。

赵括首尾不能相顾，粮草供应也被截断，处境危急。

万般无奈下，赵括这才想起修筑防御工事，死守不攻。

秦国极其重视这场战争，当秦国国君得知赵括后路已断，马上发动秦国民众，凡是15岁以上的男子都来参军，堵住赵括的粮道，堵住企图前来的援军。

赵括孤立无援，白起的5000骑兵像利剑一样，将他的军队割得四分五裂；他的背后，还有2万多秦军把后路给堵住了；时不时地他还要被猛打一阵。他几乎没有一刻喘息的机会。

赵括勉强支持到9月份，他觉得不能再等了，因为已经断粮46天，饥饿难耐的士卒们甚至互相残杀，啃噬战友的尸体。

陷入绝境的赵括，孤注一掷地把残兵分成4队，拼死突围。

孱弱不堪的赵军哪里是白起的对手，赵括的每一次突围都惨遭失败。赵括不愿投降，他亲自率领精兵想做最后挣扎，被乱箭射死。

白起大胜，俘虏了40万赵兵。

看着如此众多的俘虏，白起对将士们说，赵兵反复无常，极不可靠，恐怕以后会生乱子。

于是，他命人在山谷中挖出深深的大坑。之后，他把40万赵兵诓骗到山谷中，全部活埋。

只有240个士兵幸免于难。他们浑身是血，泪流满面地回到赵国。赵国上下，震惊不已，举国悲痛。

长平之战，白起之所以能胜，是因为当时的战争方式和战术都发生了变化。在此之前，大都进行车战；到了白起的时代，随着骑兵兵种的独立、铁兵器的使用，车战被淘汰了，激烈的野战出现了。而白起恰恰是根据地势等情况，灵活地使用了各种阵法，从而打败了赵括。

白起回到秦国后，更受国君重视。这引起了很多人的嫉妒，秦国丞相范雎便是其中之一。范雎想尽一切办法在国君面前说白起的坏话。国君最终听信谗言，赐白起自刎。

得到赐死的圣旨时，白起仰天长叹："我所犯何罪？竟要落得如此下场？"

停了一会儿，他又自语道："长平一战，我坑杀了赵军俘虏40多万，确实是该死啊！"说完，拔剑自杀。

扩展阅读

西周规定"国人当兵，野人不当兵"。但各诸侯国为了争霸，打破了这一限制，扩大了征兵范围。如晋国，按西周制度，只能有1个军，而实际上，晋国有6个军。

◎ 虎符是不是兵符

公元前257年，秦国包围了赵国首都邯郸，赵国危在旦夕。

赵国国君的弟弟是平原君，平原君的夫人是信陵君的姐姐。而信陵君呢？他又是魏国国君的弟弟。

于是，平原君的夫人写信给信陵君，恳求魏国救赵国。

信陵君便去恳求魏国国君，恳求了很多次，魏国国君总算同意了，派大将晋鄙率领10万人马去援救赵国。

但是，魏国也惧怕强大的秦国，军队虽然出发了，却迟迟不开赴前线，只停留在邺城安营扎寨。

得知魏军按兵不动，信陵君焦急万分。正在这时候，一个叫侯嬴的守门人，帮他想了个办法。

侯嬴告诉信陵君，晋鄙的兵符的另一半，放在魏王的内室，如姬最受魏王宠爱，如果如姬去魏王的内室把兵符偷出来，用兵符夺下晋鄙的军权，就可以去援救赵国了。

▼战国虎符，外形极其漂亮

兵符，也叫虎符，是古代皇帝调兵遣将时用的，它用青铜或黄金做成伏虎形状。虎符分成左右两半，左边一半交给带兵出征的将帅，右边一半由国君保管。对出征之将发号施令时，使者需拿着国君那一半去和带兵将帅手中的一半扣合，完全吻合后，才能发号施令。

信陵君听了侯嬴的主意后，非常高兴，连忙去见如姬。

信陵君把情况跟如姬说了。偷窃虎符并不是小事，按理是要杀头的。但如姬却立刻答应了。

信陵君曾有恩于如姬。此前，如姬的父亲被人杀害，如姬悬赏了3年，都没有抓到杀父仇人。如姬便求信陵君帮忙，信陵君派门客调查、寻找，最终杀了那个凶手。如姬感激不尽，时时想要报答。但她现在答应偷窃虎符，并不只是出于为报答信陵君，而是因为她识大体、明大义，深知秦国灭赵后，就会危及魏国，所以，她才义无反顾地铤而走险。

夜里，如姬顺利地偷出了虎符，派人交给了信陵君。

信陵君马不停蹄地赶往邺城，去见晋鄙。

信陵君拿出虎符，假传魏王旨意，要取代晋鄙统领大军。晋鄙拿出身上的另一半虎符，两半吻合。

但是，晋鄙还是半信半疑，他对信陵君说："我拥有十万大军，驻扎在边境上，肩负着国家的重任，现在，你单车前来，就取代了我，我感到很不解。"

晋鄙拒不交出兵权。眼看着时间飞快地流逝，信陵君非常焦急。

这时，信陵君身边的勇士朱亥，猛地从袖里抽出40斤重的铁锥，冲着晋鄙就挥了过去。晋鄙当下就被朱亥锥击而死。

信陵君接管了魏国军队，调拨出8万精兵，迅速进攻秦军。

秦军见魏军来救，害怕打不过，便撤了兵。邯郸解围，赵国转危为安。

虎符在古代军事中的重要，由此可见一斑。

战国时，用兵在50人以上的，必须要出示虎符。若情况危急，比如有烽火传信，即使不出示虎符，也是可以用兵的。

▲小巧玲珑的汉朝虎符

虎符小巧，便于携带、隐藏。这是出于保密性的考虑。到了秦朝，不仅有虎符，还有鹰符、龙符等。

秦朝虎符上还明确地写着："甲兵之符，右在皇帝，左在阳陵。"字是错金的，非常奢华。

汉朝的虎符也有字，设计更为隐秘。字被刻在虎脊上，虎趴在中缝正中，只有两半吻合之后，才能通读上面的字。

隋朝时，又改为了麟符，用麒麟代替了老虎。

唐朝时，又改为了鱼符、兔符、龟符。

南宋时，又改回了虎符。

元朝时，则改用虎头牌。虎头牌再一演变，干脆就变成一块铜牌了。倒是很实用，就是难看了点。

扩展阅读

秦朝人崛起于西北，与游牧民族作战培养出他们尚武的精神。从崛起到灭六国，在550多年间，秦人一直在战斗，仅是统一六国的10年中，秦人就消灭了200多万人。

◎一个计谋长达数年

李牧是赵国将领，驻守在北部边境的雁门郡，抵御匈奴进犯。

李牧很细心，在军事上，他精心训练士兵骑射本领，不停地派出侦察人员，深入匈奴部落，刺探情报。在生活上，他善待士兵，几乎每天都要宰杀几头牛来犒赏士兵。

可是，奇怪的是，面对匈奴的进犯，他从不还击，只是嘱咐将士要细心看守烽火台，并迅速退入营垒，如有擅自去擒杀匈奴者，一律砍头。

每每遇到匈奴进犯，便有将士请战，想要狠狠地收拾一下敌人，都遭到李牧反对。不少边关将士都觉得李牧懦弱，匈奴更是嘲笑李牧胆小如鼠。

好几年过去了，边境一带几乎没有什么财物损耗，将士也没有伤亡。

有人把李牧拒不出兵的事告诉给赵国国君。国君三番五次督促李牧还击匈奴，李牧仍然坚持只守不打的策略。国君发怒了，将李牧召回，另派他人做边疆主将。

李牧走后，每遇匈奴前来骚扰，新的主将都会带兵迎战。但几乎没怎么打过胜仗，将士伤亡不少，百姓怨声载道。这时，众人才想起李牧的好处来。

赵国国君认同了李牧养精蓄锐、保持实力的战术，召请李牧再次出任主将。李牧推托身体有病，不能担当重任。赵国国君便硬逼李牧就任。李牧说，若让他担任将领，他还会像以前那样做。国君同意了。

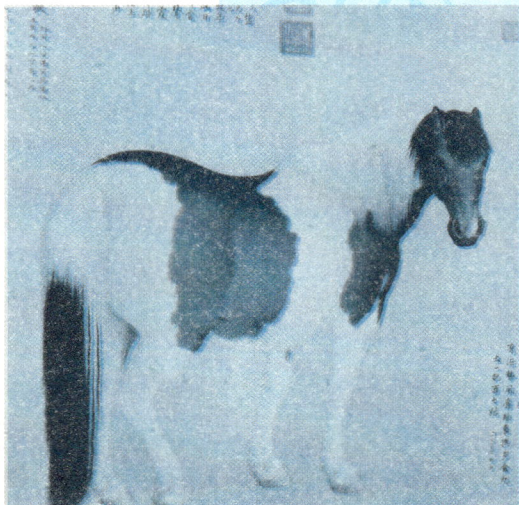

▲《十骏图》之漂亮而健壮的战马

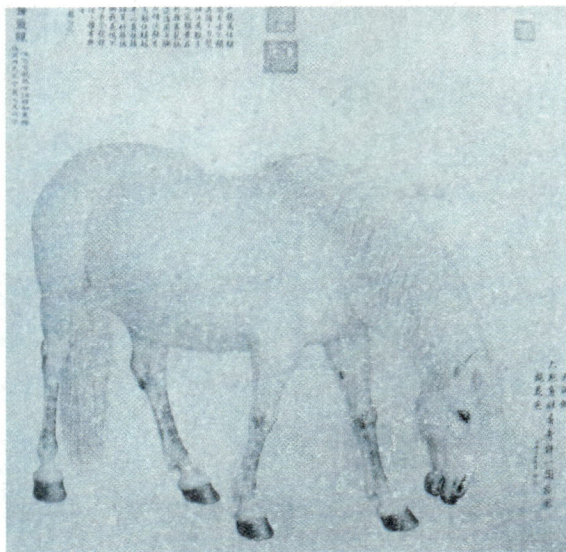

▲《十骏图》之洁白如雪的骏马

李牧重返边境，再次使边境多年相安无事。

但有一天，出人意料的是，李牧突然决定攻打匈奴了！

他备好1300辆战车，1.3万匹战马，5万精锐兵士，10万弓箭手，准备开战。他让百姓赶着许多牲畜随处放牧，以此引诱匈奴。匈奴见如此多的牛羊，便派出小股人马前来抢劫。

李牧派人抵抗，并佯装失败，故意丢下几千人给匈奴。

匈奴大喜，认为李牧不堪一击，随即率领大军入侵。

这么多年了，李牧等的就是这一天。当匈奴大军气势汹汹地攻来后，李牧将部队左右两翼张开，只等匈奴一过来，便立刻包抄，予以痛击。

这一场大战，匈奴10多万人马被消灭。

李牧趁热打铁，领军深入大漠腹地，先后消灭了襜褴、东胡、林胡，单于吓得逃离甚远。

之后的10多年里，匈奴再也不敢进犯赵国边境了。

李牧这个长达数年的计谋，为赵国迎来了长治久安。

在战争中，养精蓄锐，往往是为了伺机待发。然而，能沉默这么多年、等待这么多年的，恐怕只有李牧一人！

扩展阅读

春秋争霸战激烈而残酷，杀人几乎成为平常之事。但在争霸过程中，各民族之间的大交流增多了，大迁徙、大融合也增多了，在客观上，还是促进了社会的发展。

第三章

秦汉军事，帝国大业

　　秦朝结束了战国时代诸侯分裂割据的局面，历史进入新的阶段。秦国拥有当时世界上最繁忙的兵工厂，铸造出许多惊人的武器，创造了军事科学史上的奇迹。汉朝繁荣强盛，骑兵迎来了大发展的黄金时代。秦汉时代，出现了世界上最早的总体战、游击战等。

◎青铜箭与青铜剑

战国末年，试图统一天下的秦国，没日没夜地赶制武器。

秦国人铸造武器的原料，是青铜。这很落后，因为其他诸侯国已经用铁铸造武器了。可是，秦国人的技术很高超，他们用落后的原料铸造出了先进的武器。

他们磨制出一堆一堆的青铜箭头，多种多样，有一种是空心的球形，射出去时，会发出声响，称为响箭。这种响箭呈流线型，制作原理符合现代空气力学，所受的空气阻力极小，杀伤力极大。

他们磨制的箭镞，是三棱的，重100多克。由于比较重，在下降过程中，速度极快，如射入人体，弩矢上的6个血槽就会导致人血流不止。

三棱箭镞的底面宽度，平均误差竟然只有0.83毫米；把箭镞切成3断，它的横切面的轮廓误差，居然小于0.15毫米，堪称绝世之作。

他们还制造出一堆一堆的弩，也是多种多样，有夹弩——用于攻城，有唐弩、大弩——用于车战和野战，还有蹶张弩。蹶张弩是一种强弩，射击的时候，要同时利用手臂、脚或膝盖的力拉弓，它是杀伤力最大的弩，专用于射杀将领。

韩国的弩，射程最远，在800米以上，张力在700斤以上。与韩国相比，秦国的弩，射程更近，杀伤力也小，但精密度却高得多。

秦国有大型的兵器加工厂，生产蹶张弩不计其数，但它们的形状一模一样，误差很小。哪怕是不同的地方、不同的工匠制作的零件，也都能组装到一起，几乎分毫不差。

这对作战的意义是重大的，一旦弩机有零件损坏，便

▼削铁如泥的钢剑

可以随意更换零部件，绝不影响战斗。

这在纯手工劳作的时代，是十分惊人的，也是非常神奇的。

弩到汉朝得到进一步改进，发明出连发弩，可在15秒内发射20多支箭。

秦国的青铜剑铸造水平，也超俗脱凡。

青铜剑上，有3条棱线，十分对称。工匠们不知何为力学，却依据力学原理，把剑身处理得该薄就薄，该厚就厚，使剑既锋利，又有弹性。

青铜是铜、锡、铅的合金。在冶炼时，加入的锡多了，剑虽硬，却容易折断；加入的锡少了，剑虽不易折断，却软而易弯。匠人们深谙于此，把锡的含量处理为21%。

根据现在的科学鉴定，最理想的含锡量是20%左右，而秦青铜剑就神奇地接近这个标准。

在2000多年前，分散在秦国各地的兵工厂，是当时世界上最繁忙的地方，它要为百万大军源源不断地提供武器，它的人工制造形成了标准化的流水线。

那些兵工厂，由丞相吕不韦直接掌管。按照吕不韦的规定，兵器上要刻下匠人的名字；匠人的名字上面，还要刻上部门上司的名字；在部门上司的名字上面，还要刻上工厂总督的名字；最后还要刻上一个名字——吕不韦。

这种"签名"制度，使得从上到下的每一个人，都不敢有一丝一毫的马虎，从而保证了兵器的完美。

铁的硬度远远超过青铜，铁兵器比青铜兵器更具杀伤

◀锋利无比的战国青铜剑

▶样式繁多的青铜箭镞

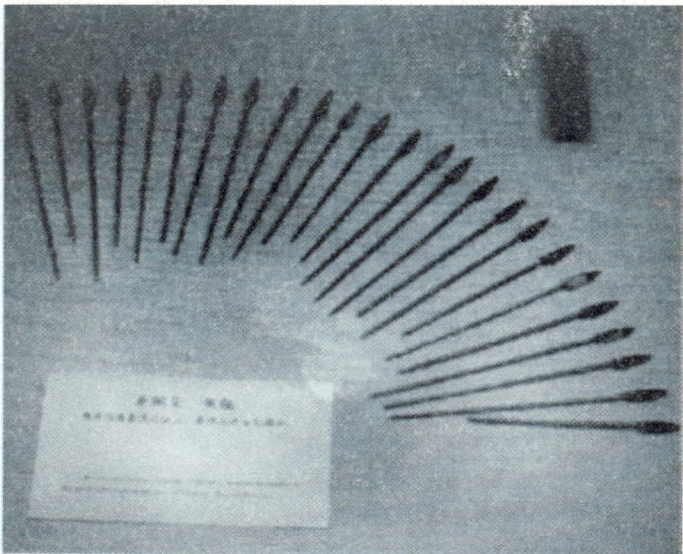

力。燕国的铁剑，剑刃的硬度绝不比高碳钢逊色；齐国的冶铁厂，规模宏大。然而，秦国却用落后的青铜武器，消灭了使用铁制武器的其他六国，实现了统一，这实在是很了不起的。

扩展阅读

　　秦弓的射击姿势有立射、跪射。立射手一般侧立瞄准左方，为"正射"；跪射手一般右腿跪地，左膝半弓，为"善射法"。此法稳定性极强，是一种很科学的姿势。

◎作战的两个心眼

秦国大将王翦奉命攻打赵国的阏与。这是公元前236年，王翦刚刚领军18天。他把许多校尉都辞退了，只留下20%的军士。人数虽少，却都很精悍，王翦就率领这些人，令人惊讶地攻下了阏与。

两年后，秦王嬴政打算攻打楚国，问王翦需要多少人马。

王翦说，非60万不可。

其他将领却不以为然，认为20万足以消灭楚国。

秦王觉得王翦老了，不中用了，便令其他将领率兵20万去攻打楚国。王翦找了个生病的借口，回到了家乡频阳。

秦、楚交战后，楚军假装打不过秦军，一边打一边后退。秦军紧追不舍，谁知，楚军精锐部队却从后面突然袭击。秦军惨遭失败，两个营的兵力被消灭，7个都尉阵亡。

打了败仗，秦王嬴政这才想起王翦的好处来，他亲自前往频阳，请王翦带兵攻楚。王翦请求，必须有60万大军，否则很难从命。秦王答应了。

临行前，王翦向秦王提出请求，可否赐给他些良田宅院？

他请赐的田院很多，还有的是为儿孙请赐的。

秦王听了，朗声大笑，全部应许。

临出关的时候，王翦又接连5次派人去见秦王，确定赏赐的事儿。

王翦的部下都为他担心，怕他表现过分，会引起秦王反感。

王翦笑着解释，恰恰不会，秦王多疑，见他手握重兵，会担心他叛乱，而他向秦王请求封赏，是为了表明自己除了钱物外什么都不在乎，秦王自然就不会怀疑他了。

▲生性多疑的秦始皇嬴政

众人恍然大悟。

王翦这是存有两个心眼，一是战斗之心，一是保护自己之心。这对一个重要将领来说，是至关重要的。倘或一味勇武，而无韬略，难以使自己久持，那又如何能建功立业呢？

保存自己，是作战中的一个首要目标。

王翦做好了自我保护后，放心地率领秦军突入了楚国境内。他迟迟没有开战，就这样相持了一年时间，60万兵士都过着安逸的生活，整天无所事事的样子，甚至还玩投石游戏来消磨时间。

一年后，楚军以为秦军军心涣散，可以突然袭击，便调动大军，准备攻击。就在集结军队、乱哄哄的时候，王翦却瞅准时机，突然领兵杀来。楚军慌乱不迭，大败。楚国灭亡。

公元前221年，秦国消灭了所有的诸侯国，统一了天下。在这个统一大业中，王翦功不可没。

而王翦在战争中的自我保护，也为他带来了完好的结局。王翦与白起、李牧、廉颇是战国的四大名将，其他3人都未能很好地保护自己，落得凄惨的结局，只有王翦一人安度了晚年，在宁静中逝去。

扩展阅读

秦朝士兵杀敌一名，可获一处田宅、几名侍从；杀敌两名，若妻子为奴，则恢复自由，若父母为囚，则获释放。因此，秦兵为便于冲杀，都不戴头盔铠甲，光膀作战。

◎世界最早的总体战

　　秦朝在统一天下前，兵力最多的时候，有100万，而秦朝人口一共只有500万左右。也就是说，每5个人中就有1个士兵。

　　这意味着，秦人都有参军的义务，尤其是成年男子，从17~60岁，只要国家需要，一生中往往有多次打仗的可能。他们的儿子成年后，便要远离亲人，过着出生入死的军营生活。

　　黑夫和惊，是秦国无数个不幸者中的两个。他们都在王翦的军中服役。惊才十几岁，刚刚娶亲，就被征入伍。他还没有尝到爱情的甜蜜，没有享受到美好的恩爱之情，便湮没在了60万大军中。

　　秦人几乎个个都要打仗，不过，有一个人却从来没参加过战争，而这个人对军事的影响却是巨大的。他就是商鞅。

　　商鞅提出耕战政策，让秦人过上了除了耕田就是打仗的苦楚生活。

　　在商鞅的倡导下，秦国率先使用了牛耕，这倒是一个很大的进步。商鞅规定：如果因人为原因导致一年中有3头牛死去，养牛的人、主管官吏以及县丞和县令，都要受到严惩；如果一家养了10头母牛，有6头都没有生育，养牛的人和上级官吏，也要受到惩罚。

　　耕战策略持续了135年，秦国的农牧渔业发展起来了，秦国的军事也壮大了，秦国成了富强的国家。可以说，如果没有这样苛刻的政策，就没有秦的一统天下。因为一个士兵一年大致要消耗500斤粮食，100万士兵一年就要消耗1亿斤粮食，这还不算战马和后勤人员消耗的粮食。这么多的粮食，若没有强大的生产做后盾，怎能完成统一大业？

　　不过，秦人的生活依旧是苦闷的。在家耕作的人异常

▲ 商鞅变法时所制作的青铜量器

艰苦，在外征战的人格外辛酸。

秦军没有军饷，士兵生活困窘。在进行淮阳之战时，黑夫写信给母亲，请求母亲给他寄夏天的衣服。黑夫家里还有哥哥和姐姐，他在信里表达了对亲人的思念，也透露出军营生活的苦处。

惊也写了家信，他告诉家人，如果不快些寄钱给他，他几乎连命都保不住了。之前，他已向别人借了很多钱。他挂念母亲，渴望早日见到新婚的妻子。但他担心从此再也不能回到久别的家乡，见不到朝思暮想的亲人了。

秦人也有和平时期，但是，他们在短暂的和平时期也没有享受过人生的快乐。他们要没完没了地耕种，为下一次战争做准备。他们毕生都在劳作和战争中度过。

可以说，秦朝统一天下的战争，是全民参与的战争，是世界上最早的总体战。

在秦国的士兵中，还有女子，甚至连老弱也被招募进军，负责做饭、运输、救护、养马等后勤工作。

秦国有三军，分别是：壮男为一军，壮女为一军，老弱者为一军。

直到1935年，德国人埃里希·鲁登道夫才提出总体战理论，他指出：战争不仅仅是政府和军队的战争，也是每个老百姓的战争；战争不仅仅是物质上的战争，也是精神上的战争。

此言一出，惊动世界。其实，早在中国秦朝，总体战就出现了。

扩展阅读

秦朝有一条军规：按斩下的敌方人头论赏。于是，秦朝将士在杀敌后，会割下头颅拴在腰上。为获更多的人头，战前他们要喝很多酒，因此，很多人都有"将军肚"。

◎月球上可以看到的国防工程

秦始皇一统天下后，北方匈奴觊觎中原物产，经常入侵秦朝边境。秦始皇派大将军蒙恬抵御匈奴。蒙恬率30万兵力浩浩荡荡开赴边境。

蒙恬没有急于作战，而是在详细勘察敌情、地势后，决定建造大型工事——在原燕、赵、秦三国所修长城的遗址上，增建长城。

经过10年漫长的岁月，在耗费了大量人力物力后，蒙恬终于完成了长城的修建。

秦长城全长5000公里，换算下来相当于一个月建40公里，一天建1.3公里，这堪称奇迹了。

它西起临洮，东至辽东，是历史上第一座浩大的军事工程。长城所经之处，地貌变化多端，既有荒无人烟的沙漠，也有陡峭险峻的高峰，还有凶险无比的沼泽流沙地带。

这段史无前例的长城，成功地抵挡了匈奴的入侵。

在火药没有发明和应用之前，在军事上，多用高墙阻挡敌人。高墙是很好的屏障，往往一人坚守、万人难攻。蒙恬把长城大都建在崇山峻岭的山脊上，有的山川甚至海拔2400米，这对于遏制以骑射为攻击方式的匈奴来说，更为有效。

公元前215年，在野风冽冽的黄河上游，蒙恬与匈奴发生了大战。蒙恬凭借长城之险，居高临下地给予打击，如雨的弓箭与石块让匈奴难以还击。匈奴几乎被杀得片甲不留。匈奴残部心惊肉跳，连夜撤退，一直撤到大漠以北700里以外。在此后的几十年间，匈奴再也不敢来犯，唯有望长城而兴叹。

▲玉壶春瓶上的蒙恬威风凛凛

▲荒凉的秦长城遗址

长城的国防意义不容低估。但是，在交通落后、建筑工具落后的时代，修筑这样宏伟的工程代价很大。

有350多万军民参与了修筑，他们奔波劳碌在蜿蜒危险的荒山陡壁上，从此隔绝于亲人，隔绝于生活，日夜劳作，累死、摔死、病死的人，有100多万。他们中，有壮年男子，也有女子，还有老人；有工程人员，也有运输人员，还有后勤人员。为了这1万多里的长城，无数家庭妻离子散，流离失所，饿死、冻死的家眷倒在路旁、倒在泥水里，一个挨着一个，不计其数。

如此触目惊心的死亡，比一场惨重的大型战争所带来的损失还要严重。

而且，耗费巨大，建筑成本惊人，折合现在的费用约为200亿美元。

但长城御敌的作用，还是受到了后世统治者的重视。到了汉武帝时期，匈奴再度猖獗，长城又被修复和加固了。

汉朝使用了一种全新建筑材料——油质黏土。它用在墙体上，可防止匈奴攀爬，而且，不易风化。当有敏捷矫健的匈奴兵试图攀城而上时，油质黏土滑溜溜的，让他们把抓不住地滑下去了。

汉朝对匈奴的防范和打击是很彻底的，此后的很多年，匈奴都不再骚动，长城的修筑活动也沉默下来了。

明朝时，为了防御漠北草原的蒙古骑兵和东北山野的女真人，长城的扩建浪潮再度掀起了。

明长城的修筑，极富科技含量，极有天工之巧。

其多为就地取材，但非常讲究。所用的泥土，不是地

表的泥土，而是专门掘取地表以下10厘米处的黑泥；还要用筛子筛出里面的树种、草根、草籽，免得植物在墙内生根发芽，造成墙体损坏。

明长城延伸到沙漠地带，那里很少有泥土。但这也难不倒聪明的工匠，他们自有办法。他们找来红柳枝、芦苇，在上面铺上拌有水的沙砾，然后，一层一层地夯上。每夯一层，都要反复锤打。这是非常耗时的。1.5米高的墙体，需要6个工匠一起工作两天才能完成。但是，如此夯出来的墙壁，历经千百年风雨，也不会坍塌倾倒。

有一段明长城是用砖砌成的。这种砖的技术含量相当高，断裂强度超过了3200牛顿，比现在建筑用的普通砖块硬得多，几乎达到了水泥砖的强度。明长城的砖堪称当时世界上最坚固的泥砖。

当时还没有水泥，工匠们在填补砖与砖之间的缝隙时，使用了特制的灰浆，里面包括石灰、米粉和黏土。这种混合物黏合力强，还抗腐蚀。

有人统计过，如果用明长城的砖造出一座1.5米高、0.9米厚的砖墙，那么，它可以环绕地球赤道5圈。

长城是国防工事中的一个奇迹。在月球上，可以看到地球上的两样东西，一样是澳大利亚的大堡礁，另一样就是长城。

扩展阅读

兵马俑中的经典兵阵：前锋为三排弩兵。第一排射击时，第二排装好箭；第二排射击后，第三排也做好准备。如此配合可保证短时间里发出密集箭镞。欧洲火枪队便类似此法。

◎酸楚的"军歌"

楚汉相争初期，项羽力量雄厚，但随着刘邦的智囊团越来越庞大，项羽的势力越来越衰弱。刘邦想趁机一举消灭他，就采用韩信的计谋，以十面埋伏之策，以"五军阵"法，把项羽包围在垓下。

几经战斗，项羽手下的兵士已经所剩无几，粮草也基本用尽了。这个时候的楚军，几乎到了山穷水尽的地步。

一天夜里，四周静谧，寂静无声。突然，围困楚军的汉军唱起了楚国的民歌，歌声凄伤哀婉，绵长忧郁。楚军将士远离家乡，出生入死，命运难测，听到这熟悉的乡音，无不黯然泪下，思乡之情油然而生。

项羽坐在军帐中，听到四面传来此起彼伏的楚歌，非常吃惊。他绝望地自言自语："莫非刘邦已经占领了楚地？为什么他的军中有这么多的楚人？"

项羽悲怆不已，喝酒解愁。

项羽有个妃子，叫虞姬，是他最喜欢的人；他还有一匹马叫乌骓，是他最喜欢的坐骑。他想着当年的豪情、当下的悲惨，悲戚地唱道："力拔山兮气盖世，时不利兮骓不逝。骓不逝兮可奈何，虞兮虞兮奈若何！"

歌意是："我有搬动大山的力量，超越当世的气势，可是时局不利，使我落得这样的下场。如今，我的乌骓马再也不能奔驰了，怎么办呢？我心爱的虞姬啊，我怎么安顿你呢！"

▲垓下遗址，"四面楚歌"诞生地

　　虞姬听了泪流满面，也跟他一起唱起来。他们一遍一遍地唱，直唱得项羽泪如雨下。左右将士也都很难过，跟着项羽一同哭泣。唱完，虞姬拔剑自杀了。

　　项羽以为刘邦占领了楚地，无心继续战斗，趁着天黑，他带了800多名骑士悄悄逃去。500名汉军骑兵紧紧追赶项羽，一直追到乌江，走投无路的项羽拔剑自杀。刘邦从此得到天下。

　　这就是"四面楚歌"带来的战绩。

　　在战争中，有些歌曲可以起到激励士气、严明纪律、规范军人行为等作用。这类歌曲，就是军歌。军歌实际上也是一种战斗方式。汉军所唱的楚歌，虽然只是思乡的民歌，不是严格意义上的军歌，但却起到了军歌的另一种作用：成功地消磨了项羽将士的士气，扰乱了军心，迫使项羽仓皇出逃，最终失败。

　　古代有记载的军歌很少，但军歌的影子却时常闪现。

　　在南北朝时，北周皇帝为了拉拢突厥，把尚未成年的侄女封为千金公主，远嫁沙钵略可汗。千金公主容貌娇美，才华横溢，白发苍苍的沙钵略可汗很喜欢。

　　北周被隋朝灭掉后，千金公主失去了故国。千金公主人小，但很有爱国豪情，她时刻想着故国的灭亡、亲人在

战乱中的死伤，每每悲痛万分。她经常在沙钵略可汗面前提及此事，请求可汗攻打隋朝，为故国报仇。可汗经不住她再三恳求，率兵入侵隋朝边境，与隋国兵戎相见。

千金公主一心想消灭隋朝，还亲自领军讨伐。她为了激励将士，写了一首战歌。里面渗透着她的真情实感，字字血泪，将士们每次唱起，都慷慨激昂，激动不已。在战歌中，他们奋勇直前，拼死战斗，使得隋朝军队望而生畏。

千金公主还带兵从木硖和石门进攻隋朝。隋文帝害怕了，想拉拢她，赐她国姓，封她为大义公主，还把一架绝世屏风送给她。然而，家仇国恨不共戴天，千金公主毫不动摇，依旧反抗隋朝。

千金公主最终被隋朝设计杀死，年仅33岁。她的那首悲壮的军歌没有流传下来，这是历史的遗憾，也是军事史的遗憾。

扩展阅读

秦朝的监军、护军是情报官员，下面还有候、骑长等。他们针对军队和六国遗民进行间谍活动，通过设关卡，用口号、通行凭证盘查行人；秦朝还有反间谍官员"求盗"。

◎用风筝传递情报

韩信是历史上罕见的将才，他的每一次作战，几乎都是一个绝唱。

一年秋天，韩信奉刘邦之命去攻打魏国。魏王豹在蒲坂布下重兵，对河关严加守护。韩信调集船只，假装要渡过河关，其实只是做样子。

暗地里，韩信却派兵疾驰夏阳，用木盆和木桶当船，摇摇晃晃、神不知鬼不觉地渡过河去，偷袭魏国的都城安邑。

魏王豹闻讯已晚，惊惶失措，手忙脚乱，仓促中令军队抵抗，被打得落花流水。

韩信就这样活捉了魏王豹，魏国从此灭亡。

韩信又奉刘邦之命去攻打齐国。因路途较远，道路崎岖，行军较慢。走到中途时，韩信得到消息，刘邦派出的文臣郦食其已经说服了齐国，齐国愿意投降，归顺刘邦。

韩信便准备撤军。就在这时，有人拦住了他。

是谋士蒯通。

蒯通对韩信说："郦食其只不过是个文臣，仅凭他的嘴巴就降服齐国70多座城池，您有几万大军，才攻下赵国50多个城池，难道您一个将军都不如一个儒生吗？何况，您也没有接到退兵的命令呀。"

韩信被说动了，他再也不撤退了，反倒疾速行军，一路猛攻齐国，一直攻到都城临淄。

齐王又惊又怒，他没想到，自己已经愿意投降了，却还要被汉军攻打。他觉得是郦食其在诓骗自己，于是，一怒之下，把郦食其给活活煮死了。

楚军听说韩信攻下了临淄，便派大将龙且去支援齐国。

龙且对韩信很不屑，在潍水两岸摆好阵势。

韩信让人弄来许多袋子，在袋子里装上沙土，然后，连夜用沙袋堵塞潍河，潍河上游的河水很快上涨。韩信又率一部分军士渡河去攻打龙且。

龙且迎击，只交战一会儿，韩信就假装打不过，连连后退。

龙且耻笑韩信胆小怯弱，率军渡江追击。正在龙且的人马渡过一半的时候，韩信命人撬开堵塞潍河的沙袋。顷刻间，淮河上游的水奔涌而下，龙且的人马淹死的、冲走的不计其数。

韩信趁机发起攻击，把龙且打得毫无回旋余地。

韩信用兵如此出神入化，让他获得了极高的威望。刘邦深恐韩信威胁他的统治，便以谋反之名把他贬职了。

陈豨也是刘邦的一员大将，他对刘邦不满，想要叛变。当他了解到韩信的冤屈后，便去劝说韩信跟他一同起兵，颠覆刘邦。韩信不愿意。陈豨再三劝说，韩信为搪塞陈豨，勉强同意了，表示可做内应。

为了与陈豨传递书信，韩信绞尽脑汁，想出一个办法。他制作了风筝，把密信藏在风筝里，再放出风筝，风筝顺

▼刘邦拜韩信为大将时所筑的拜将坛

风飘向陈豨的阵营。

不过，还没有等到起兵，刘邦顾忌韩信的能力，把韩信杀了。

在军事史上，韩信是第一个用风筝传递情报的人。这种别具一格的情报通信方式，后世被多次使用。

南北朝时，侯景叛乱，叛军把梁朝的台城围得严严实实，梁朝太子被困。援军就在城外不远，可是却没法取得联系。

这时，有人想出了一个办法，用风筝传信。

太子马上采纳，叫人取来风筝，把求援情报绑在风筝上。当西北风吹起时，太子急忙跑去放飞风筝。

风筝飞到叛军阵地上空，叛军感觉怪异，以为是梁朝使用的巫术，慌忙用箭去射。神箭手们你一箭我一箭，就把风筝射坏了，风筝落了下来。

▲英姿飒爽的韩信雕像

梁太子没能成功地把情报送出去。不过，利用风筝把情报传递出去的成功例子也不少。

唐朝的时候，节度使田悦叛乱，起兵围攻临洺。临洺的守将张伾坚决不投降，固守城池，誓死抵抗。

马燧带援军来救，却被叛军阻隔在城外。张伾原打算与援军内外夹击田悦，现在却遇到了困难，怎么办呢？如何才能跟马燧取得联系呢？

张伾想来想去，想到了用风筝传递情报的方法。他把信拴在风筝上面，让风筝顺风飞起。

风筝飞过叛军的阵营时，被田悦发现，田悦意识到里面有情报，赶紧叫弓箭手射风筝。可是，风筝飞得太高，箭也射不到。

风筝就这样一直飞到马燧阵营的上空，马燧营中一片欢腾，把风筝射落。马燧根据情报内容，迅速制定了详细

的作战方案。

元朝人也曾将风筝利用到军事中。

蒙古军围攻金国，兵临南京，金国丞相完颜白撒为解南京之围，想出了一个反间计。他命人写了一封策反信，绑在风筝上面，然后在风筝上写上蒙古军中被招降的人的名字，想以此瓦解蒙古军的内部。

风筝放出去后，如愿地被蒙古军截获。蒙古军将领们看到了，果然引起内讧。不久，蒙古军自动撤兵，南京解围。

在战争中，泄漏军情是要造成严重后果的，而传递情报更为重要。古代有很多种传递情报的方式，风筝情报通信便是一种重要的方式，也是一种趣味横生的方式。

扩展阅读

弩兵在秦朝为一级爵位，步兵为二级，御手为七八级。因为战车昂贵，御手需誓死保护战车，因而爵位高。御手铠甲上有花结，与现代军队表示军衔的肩章相近。

◎打游击的鼻祖

昌邑人彭越是一个渔夫，时常结伙偷盗，当地人都知道他。当时天下混乱，战争频仍，一些年轻人想趁机干一番大事，便自发地组织了100多人，然后，找到彭越，让彭越做他们的首领。

彭越不同意。年轻人苦苦请求，彭越难以推辞，勉强答应了。

彭越告诉他们，明天太阳出来的时候，在河边集合，谁若是迟到，便要杀掉。众人答应后，各自散去。

第二天，有10多个人迟到了。还有一个人竟然到中午的时候才来。

彭越集合队伍，说，已然定好了时间，居然还有不遵守者，又不能把10多个人都杀了，那么，只杀最后才来的那个人吧。

众人都笑起来，认为他是在开玩笑。谁知，他走到那个最后才到的人旁边，把他拉出队伍，一刀就杀了。

众人目瞪口呆，顿时被震慑住了，从此再也不敢违抗命令。

彭越的名气越来越响，他聚集了1000多人，投奔了刘邦。

楚汉相争正是激烈的时候，刘邦的汉军与项羽的楚军终日缠斗。汉军敌不过楚军，在彭城吃了败仗，刘邦向西边撤退。彭越的队伍驻扎在黄河沿岸，为牵制楚军，扰乱楚军的军事行动，彭越带领队伍时不时地袭击。

彭越采取的是游击战术，

▼荒凉的白登山古战场

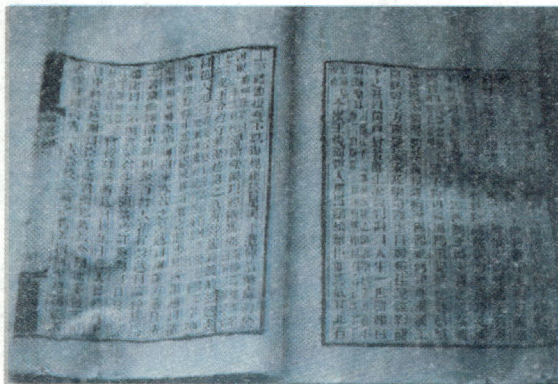

▲《史记》中的《彭越传》

他神出鬼没，时打时跑，来去无踪。楚军摸不着头脑，寻不到踪迹，提心吊胆，不胜其扰，战斗力削弱，部署被打乱。

这种游击战，为刘邦的主力部队的行动帮了大忙，史称"彭越挠楚"。

这年冬天，刘邦的主力与项羽的主力相持在荥阳。彭越留在后方，他趁着刘邦与项羽对峙，突然出击，攻下项羽17座城邑。项羽大怒，气急败坏地亲自来夺城，疯狂地将17座城邑又都收复回去，可是，彭越已经不见了踪影，他已经北上谷城了。

接着，率领他的游击队伍攻下了20多座城池，缴获很多粮食，运送给刘邦，并配合刘邦在垓下围困项羽，打败了楚军。

楚汉相争自此结束。

由于彭越在后方开展了游击战，有效地干扰了项羽，给刘邦调整部署军事行动提供了时间、机会和斡旋的余地，因此，他的功劳是不可抹杀的。

在世界军事史上，彭越是第一个长期使用游击战术的军事家。游击战是一种灵活的战术，采取敌进我退、敌退我扰、打完就走的作战模式。彭越堪称游击战的鼻祖。

扩展阅读

匈奴擅用诱敌战术。公元前201年，匈奴以老弱残兵引诱汉军追杀至白登山，时天降暴雪，汉军手指冻掉，被困7天7夜，断粮断水，经贿赂单于的妻子，方得以解围。

◎像样的军官是什么样

公元前158年，匈奴进犯汉朝边境。汉文帝派兵镇守边疆，同时，又派3路军队守卫长安。这3路守军中，守灞上的是刘礼，守棘门的是徐厉，守细柳的是周亚夫。

一日，汉文帝到这3路军中去慰问将士。到了灞上和棘门时，守卫营寨的军士看见皇帝亲临，诚惶诚恐，马上放行，连通报都省了。汉文帝进入军营后，两位守将这才知道，都慌里慌张地跑来迎驾。汉文帝走的时候，他们率领全军恭恭敬敬地把皇帝送到营寨门口。

汉文帝最后视察周亚夫的细柳营寨，但刚一到营寨外面，就被军士拦住。汉文帝的随从告诉军士，是皇帝驾到。军士表情严肃地说："不管谁来，都要通报。将军有令，在军中，只听将军的命令。"

汉文帝的随从怒不可遏，却也无可奈何，只得去回报汉文帝。汉文帝随后来到营寨门口，军士看见了他，但还是不让进去。汉文帝见状，让使臣把皇帝的符节拿过来，交给军士，让军士进营通报。之后，寨门才被打开了。

汉文帝坐着马车驶进营寨，马撒开四蹄奔跑。一个军

▼精工细造的吴国大翼战船

士突然又对汉文帝的随从说："将军有令，军营中不许车马快跑。"

皇帝的随从很惊讶，觉得周亚夫胆子太大了，竟敢如此对待皇帝。但是，他们见汉文帝没有说话，便听从军士之言，缓慢地驾着马车驶进营中。

到了中军大帐前，周亚夫这才带着部下出来迎驾。只见他全副武装，并不下跪，只手持兵器向汉文帝行拱手礼，说："披着铠甲的将士不下拜，请陛下允许臣用军中的礼节拜见。"

众人都为周亚夫捏了把汗。可是汉文帝却非常高兴，他也抬起身子，手扶车前的横木，向将士们行军礼。

回去的路上，汉文帝感慨地对大臣们说："这才是真正的将军啊！霸上和棘门的军队，如儿戏一样。假如敌人来偷袭，恐怕他们的将军迟迟都不会知道。但在周亚夫的军队里，敌人是没有偷袭机会的。"

▲ 穿戴简洁的步兵俑

在此后相当长的时间内，汉文帝都不忘此事，觉得周亚夫是一个像样的军官。

匈奴兵撤退后，周亚夫回朝，汉文帝授他为中尉，总管京城兵权，负责京师的警卫。

汉文帝病危时，还嘱咐太子，周亚夫是一个值得信任的将军，关键时刻要重用他。汉文帝死后，周亚夫被封车骑将军。

身为军事长官，不仅要用兵如神，还要治军有道。早

在战国时，司马穰苴就提出："国容不入军，军容不入国。"就是说，如果把繁复的宫廷礼节用在军队上，军人就会变得像一群温驯的绵羊，军人的豪迈之气就会被削弱。反之，如果把军队的制度用在管理国家和朝廷上，民众就会变得叛逆而暴戾。

周亚夫的治军方法完全符合"国容不入军"的理论。在他看来，国家、朝廷的那一套礼仪规章不适用于军队，不然，很可能既误了国家，也毁了军队。

从这一点上来考察，周亚夫的确是一位像样的军官。

扩展阅读

汉朝军队分京师军、地方军。京师军分南军、北军，南军守卫皇宫，北军守卫都城。地方军分骑士、材官、楼船，骑士指骑兵和车兵，材官指步兵，楼船指水军。

◎帝国第一骑兵

汉朝初年，匈奴跃马而出，使汉朝北方边境受到严重威胁。公元前124年，早春时节，汉武帝正式下令，出击匈奴。

卫青率领3万骑兵，在料峭的春寒中，奔赴大漠。队伍日夜兼程，每日疾行600~700里，仿佛从天而降的天兵。

在一个月黑风高的夜晚，匈奴右贤王的军营就这样被"天兵"围了个水泄不通。

右贤王正在与几个将领饮酒作乐，突然，帐外火光通明，喊杀声顿起，右贤王大惊失色，他压根儿没有想到，汉军会如此神速。

卫青率领骑兵杀进右贤王营中，如入无人之地，左冲右突，把匈奴杀得四散逃离。

右贤王在慌乱之中，在将领的掩护下，带着几百名精壮骑兵逃之夭夭。

卫青俘虏了10多个匈奴将领和1.5万匈奴士兵，此外，还缴获了1000多万头牲畜。

捷报传到朝廷，汉武帝喜不自胜，封卫青为大将军，加封食邑6000户。就连卫青3个还没断奶的儿子，也被封为列侯。卫青再三推辞，汉武帝不许。

卫青有个侄子，叫霍去病，17岁时

▲雄壮山体下的卫青墓

跟随他作战，在漠南抗击匈奴，立了很多战功，是个罕见的少年将军。汉武帝也非常重视霍去病，为他修建了豪华府邸，霍去病不受，凛然道："匈奴未灭，何以为家？"

汉武帝深深感动。公元前121年，一个春暖花开的日子，汉武帝任命霍去病为骠骑将军，独自率领一万骑兵出征匈奴。

年仅19岁的霍去病，纵马驰骋在广袤的大漠上。在短短的6天中，他便先后与匈奴的5个部落发生了激战。

在荒凉的皋兰山，霍去病遇到了匈奴的强骑，他一马当先，奋勇拼杀，血染战袍。最后，一万精兵只余3000人。但他却消灭了近9000匈奴人，匈奴的重要首领都被杀或俘。

转眼到了夏季，霍去病又奉命收复河西。

他在祁连山一带，与匈奴交战，几番生死较量后，消灭3万多匈奴兵。

▲绿树环绕的霍去病墓

此役过后，霍去病几乎成了一个神话。匈奴人一提到他，都骇然而惊，急遽退避到焉支山北面，在退却时，还唱着哀歌："亡我祁连山，使我六畜不蕃息；失我焉支山，使我妇女无颜色。"

秋天，匈奴浑邪王和休屠王打算投降汉朝。汉武帝不大相信，让霍去病到黄河边受降，监视匈奴人的动向。

霍去病到了之后，注意到匈奴中有人反悔，打算闹事，发起骚动。霍去病大怒，只带着几个骑兵就疾风一般，冲入匈奴大营。见了浑邪王，霍去病神情威严，言辞铿锵，让浑邪王立刻将打算哗变的军士杀死。

有4万多名匈奴人在场，然而，他们面对只有几个人的霍去病，噤然不敢动，大气不敢出，全都被震慑住了。

最终，霍去病顺利地完成了受降仪式。

公元前119年，一个早春，霍去病和舅舅卫青各率5万骑兵，横跨大漠，追击匈奴。

汉军得到的情报是：伊稚斜单于位于东面大漠中。根据这个情报，攻击单于主力的这个最艰巨任务便交给了霍去病。霍去病向东边进发，卫青则往西边进发。

其实，这个情报是错误的，单于的主力部队是在西边。

结果，卫青率领骑兵在行进了1000多里路后，恰遇伊稚斜单于。卫青用铁甲兵车迅速组成军阵，5000骑兵协同军阵，与匈奴一万多骑兵厮杀在一起。

但匈奴兵多将广，以逸待劳，卫青远途跋涉，力量单薄，眼看就快抵挡不住了，谁知，傍晚时候刮起了沙尘暴。铺天盖地的沙子使天地一片混沌，双方都看不清楚。卫青趁此机会，迅速派出两支队伍，从左右两边绕到匈奴军后面，将单于的营寨团团包围。

惊惶失措的单于，带领几百名军士仓促逃跑。匈奴军见主帅已逃，纷纷丢盔弃甲，四散逃离。卫青大胜，奏凯而归。

霍去病呢？他一心想跟单于交手，结果走了很久，连个人影也没碰到。

他不甘心，继续深入，误打误撞地碰到了匈奴左贤王部。左贤王一见霍去病，撒腿就逃。霍去病紧追不舍，一直追了2000多里，追得左贤王几乎就要崩溃了，只得交战。

昏天黑地的血战下来，霍去病消灭匈奴军7

▲威武的重甲骑兵壁画

万多人。

　　霍去病还不满足，继续孤军深入，一直打到今天的蒙古国境内的狼居胥山。他登上狼居胥山，祭天以告成功。

　　祭天后，他又马不停蹄地追杀匈奴军，打到了俄罗斯的贝加尔湖畔。这一年，霍去病只有23岁。

　　第二年，霍去病便病逝了。他的"封狼居胥"的豪情，却永载军事史，成为后世军事家渴望抵达的终极目标。

　　霍去病创造的军事战果，除了与他本人的果敢英勇有关外，还与汉朝重视骑兵队伍建设有关。

　　汉朝时，兵种大致有4种：车兵、步兵、骑兵、水军。车兵和步兵，是主要兵种。但由于匈奴所处的沙漠地带，不适合车兵和步兵，汉武帝便把骑兵作为主要兵种，骑兵成为大汉帝国的第一军事兵力。

　　骑兵机动性强，冲击性强；能应付远距离作战；在快速进攻时，占有优势；在大规模作战时，便于角逐。

　　汉朝时冶炼钢铁的技术，是当时世界首屈一指的。这使由钢铁铸造的兵器非常锋锐，增强了骑兵的格杀能力。

　　骑兵成为第一主力兵种后，车兵"退居二线"，多用于

运输，或作为障碍物御敌；步兵也"风头"不再，参加到后勤运输的队伍中。

可以说，霍去病的辉煌，也是骑兵的辉煌。

扩展阅读

秦朝爵位分20个等级。2级爵位的"上造"，俸禄是1斗粗米、1盘菜羹、盐2/22升；3级爵位的"簪袅"，俸禄是1斗精米、1盘菜羹、0.5升酱、0.5石干草。

◎ 西域的"闪电战"

　　班超是个书生，以帮官府抄书谋生。他很崇拜张骞，希望能像张骞一样出使西域，为国立功。一个偶然的机会，班超有了一个出征的机会——奉车都尉窦固去攻打匈奴，军中缺少一个代理司马，班超便去应募了。

　　这是一个很小的官职，却是班超由书生迈向军旅生涯的第一步。

　　在作战中，班超很快便显示了出色的军事才干。窦固非常赏识他，派他带领36名部下出使西域，联合西域诸国，使他们归附汉朝。

　　班超高兴极了，他终于实现了自己的梦想。

　　班超进入西域后，首先到了新疆罗布泊西南的鄯善国。鄯善王对班超一行盛情款待。可是不知为什么，很快又改变了态度，开始怠慢、疏远了。

　　班超召集部下，对他们说："鄯善王的态度前后变化如此之大，一定是有匈奴的使者来了，匈奴人从中挑拨，使鄯善王犹豫不决，所以才会这样。"

　　部下半信半疑。为证实自己的猜测，班超招来一个西域侍从，试探他道："匈奴使者都来了好些时日了，他们现在在哪儿？"西域侍从以为班超早已知道实情，一时不知怎么搪塞，便把实情跟班超讲了。情况果然不出班超所料，确实是匈奴派来了使者。

　　班超决定对匈奴使者采取军事行动，为了防止走漏风声，他把那名西域侍从关了起来。之后，班超邀请部下饮宴，酒过三巡，班超说："于今只有一条路，那就是把匈奴使者杀了！这样才能让鄯善王不再动摇。今晚就是个

▼大漠深处的骑射者

好机会，趁着天黑可火攻匈奴使者。他们摸不清我们有多少兵力，肯定会很害怕，这样就可以把他们消灭了。"

一个部下害怕，觉得太冒险了，想再考虑考虑，从长计议。

班超生气地说："是生是死就在今天，壮士若死，就应悲壮地死！"

部下见他如此豪情，便都同意了。

天黑的时候，刮起了大风。班超带着部下偷偷来到匈奴使者的驻地。班超叫10个人带着鼓摸到房子后面，事前约好，只要一见火烧起来，就使劲敲鼓呐喊。他又让其他人带着武器埋伏在门两旁，只等匈奴使者逃出门时击杀。

一时，班超点燃了火，火顺着大风，呼呼地蔓延。

震天的鼓声响起来了，所有的人都在高声呐喊，仿佛有千军万马来偷袭。匈奴使者吓破了胆，惊惶失措，只顾逃命。结果一出门来，就被埋伏在门边的班超部下杀死。

前后共杀死了30多人，班超亲手杀死了3人。其余的

▶匈奴等少数民族善骑射，图为弓马出行

100多个匈奴人都被烧死。

　　一夜之间，班超使用闪电战术，将匈奴使者全部消灭，鄯善王一点儿都不知道。第二天，当班超提着匈奴使者的人头来见鄯善王时，鄯善王大为震惊，几乎所有的人都噤然无声。

　　班超历数匈奴的不义，然后，好言安抚鄯善王，细述归顺汉朝的好处。如此软硬夹击，鄯善王被说服了。

　　班超回国后，皇帝对他的作为大加赞赏，不久，命他再次出使西域。

　　公元89年，莎车抗拒汉朝，班超带着2万多人前去讨伐。龟兹王调兵5万，前去救援莎车。敌强我弱，班超召集部下商量对策。班超露出胆怯的模样，说："敌军人数众多，取胜困难，暂且退军吧，今晚听见敲鼓就出发。"

　　夜里，汉军营中的龟兹俘虏见汉军匆匆忙忙仿佛要撤离的样子，连看押他们的人都松懈了，于是，有的俘虏偷偷逃跑了。他们回去后，把情况告诉了龟兹王，龟兹王喜不自胜，亲自率领1万骑兵截杀班超，莎车也派出8000人马出击。

　　他们不知道自己正中了班超设下的计，撒着欢儿地出了兵，大本营里一片空虚。班超在得知他们出兵后，立刻带领精锐闪电般地扑向他们的大本营。大本营里敌方军士稀少，没有防备，混乱交战中狼狈逃窜，结果，有5000多人被杀，大量牛马、财物被班超缴获。

　　莎车国只得乖乖投降，龟兹王也灰溜溜地跑回国了。

　　班超再次依靠闪电战术，以少胜多，取得了胜利。从此以后，一提到班超，西域人没有不知道的。

　　公元87年，大月氏国王对班超说，他想娶汉朝公主，班超没有答应。大月氏王很生气。3年后，在炎炎盛夏，大月氏7万大军攻打班超。

　　比起大月氏的兵马，班超的人马少得多，部下都害怕

命丧大漠。班超安慰众人，无须担心，大月氏虽然兵多，但千里迢迢而来，必然疲劳，加之粮草供应也很困难，不过几十天，就会撑不住了。

当大月氏兵马攻来后，班超坚守阵营，并不出击。大月氏多次进攻都无济于事，久而久之，大月氏士兵都产生了厌战的情绪。

一日，班超料到大月氏乏粮，会到龟兹那里搬运粮草，便让几百个军士埋伏在半路。没多久，果然见大月氏的士兵携带金银珠宝，要去龟兹换取粮草。班超的几百伏兵猛地杀将出来，打败大月氏，夺走珠宝。

如此闪电般的突袭，让大月氏王既震惊又惧怕。他痛定思痛，再也不敢跟班超作对，主动议和了。

班超经略西域，使50多个西域国家归顺了汉朝。在这辉煌的成绩中，他的闪电战术功不可没。

扩展阅读

23~56岁的汉朝男子，每年要在郡县服役一个月，叫"更卒"；一生当中至少要在京师和地方军服役一年，叫"正卒"。如果发生战争，随时都要做好上战场的准备。

第四章

魏晋南北朝的军事对峙

魏晋南北朝时期，少数民族入主中原，建立起多个政权。战争此起彼伏，连绵不断。战争形式演变得越来越复杂，越来越多样。谍战与心理战愈加成熟了；水军也逐渐发展成独立的兵种；马镫的发明则第一次使骑兵的战斗力充分发挥了出来。

◎一个计策可抵一万兵

公元200年，袁绍与曹操相争，袁绍率领10万精兵攻占了白马。曹操为夺回白马，听从谋士荀攸的计谋，采用了声东击西、分散袁绍兵力的战术。

曹操先是带兵赶往延津，假装要渡河攻击袁绍的后方。袁绍心急，赶忙分兵阻击。曹操趁着这工夫，派出骑兵跑去偷袭白马，白马的袁绍守军仓皇应战，很快大败。

这次战役，并没有打垮袁绍。与袁绍相比，曹操的兵力仍然处于劣势。

8月，袁绍的主力部队逼近官渡，再度与曹操对峙。袁绍声势浩大，军队依靠沙堆驻扎，长长的营寨足有几十里。

9月，曹操向袁绍多次发起攻击，大都以失败告终。他毫无办法，只好退回营寨坚守不战。

袁绍在曹营对面，堆起土丘，像小山一样高。袁军士兵爬上沙丘，居高临下，用弩箭射击曹军。曹军制作了霹雳车，在车上装满石头，一发动机关，石头便飞起来落入袁军阵地上。

双方你来我往，相互骚扰，谁都有损失，谁也没占到便宜。

袁绍想挖地道去进攻曹操，结果却被曹操发现了。曹操也去挖地道。双方又在地道里争斗了起来，依旧不分胜负，纠缠一番后，相互鲜血淋漓地回营了。

就这样对峙了3个月，已经是寒冬了。

曹操被困了那么久，处境越来越艰难，他开始动摇了，想要退出官渡。

曹操把想法写信告诉了谋士荀彧。荀彧回信说："曹军以一当十，用很少的兵力阻止了袁绍前进的道路，都已经半年了。如果就这样放弃了，便前功尽弃。绝不能退，

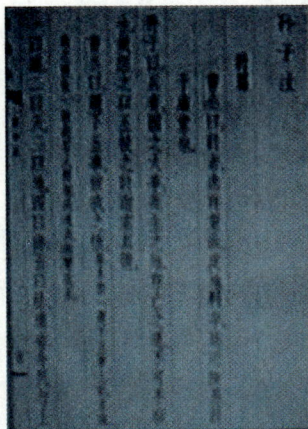

▲曹操所著文集

不久就会有转机。这是一个出奇制胜的机会，千万不能错过。"

曹操听从了荀彧的建议，决心坚守下去，等待时机。

一日，曹操突然听到通报，说许攸投降来了。

他大喜过望，趿拉着鞋子，忙不迭地跑出来迎接许攸。

原来，许攸是袁绍的谋士，但袁绍并不听他的意见，他感到很失望；当他的家人犯下过失后，袁绍二话不说全部给关押起来了。许攸特别愤恨，便偷偷地前来投奔曹操。

许攸给曹操带来了重要情报：在袁绍大营北面约20公里的乌巢一带，囤积了大量粮草，若偷袭乌巢，烧掉粮草，一定可打败袁绍。

▲画像砖，曹操派兵士屯田守城

曹操的部下认为，许攸可能是假投降，是袁绍派来的奸细，不能相信。

可是，曹操却断然听从了许攸的建议。他立刻点兵五千，打着袁绍的旗号，带着柴草、火种，趁夜走深山小路，冲向乌巢。到了乌巢，即刻放火，火势熊熊，几欲漫天。

袁绍发现了火光，急忙派增援部队前去，却被曹操打了个落花流水，俘获1000多人。

曹操下令，把俘虏全部杀死，把鼻子都割下来。

当袁绍的将领淳于琼也被俘虏后，曹操又下令，把他的鼻子也割掉。

曹操连夜审问淳于琼，问他知不知道为什么会失败。

淳于琼毫不惧怕，坦然道，胜负是上天注定的，何用问为什么！

曹操爱惜淳于琼的才干，不忍杀他。许攸对曹操说，若留下淳于琼，明天早上，他起来一照镜子，看见自己的鼻子没有了，他能忘记这深仇大恨吗？

曹操想想，觉得许攸的话有道理，便杀了淳于琼。

曹操让人把那1000多个俘虏的鼻子送到袁绍军中。袁绍的士兵看了，胆战心惊，畏畏缩缩，军心刹那间动摇了。

袁绍无心再战，带着残兵败将退回了河北。两年后，他在抑郁中死去。

官渡之战，长达一年多的时间，曹操以2万兵力击破袁绍10万兵力，这是典型的以弱胜强的战例，极大地影响了三国时期的历史走向。

其实，官渡之战初期，曹操一直处于劣势，如果没有荀彧、许攸这两个人的计谋，他很可能就此败北。但曹操善于听取他人的意见，最终扭转了战局。

可以说，官渡之战的胜利，与他的用人之道密切相关。

▲沧桑的古城许昌遗址

兵书强调，"一计可敌万人"。这是说，一个懂得用人的将领，善于接纳他人之言，即便敌方兵多，也不足为惧，因为一个计策就足以抵一万个士兵了。

这是善于用人的好处。曹操深深地明白这一点，对

荀彧和许攸的建议采取了信任和尊重的态度，所以，成就了大业。假若没有这两个人，三国的历史也许就改写了。

扩展阅读

秦汉有两大军队：一是中央警卫部队，由郎中令、卫尉、中尉领导；一是地方军，由太尉、将军、将等领导。它们互不统属，相互制约，保证了皇帝对军权的独揽。

◎ 永载史册的"火攻"

公元208年，樊口一带烟水迷蒙，人影幢幢。

那是周瑜与刘备的军队，为了对抗曹操，他们选择了再次会合、联手作战。

两军逆水而上，行至赤壁，与正在渡江的曹军相遇，战斗不可避免地打响了。

第一次交锋，曹军就被打败了。原因是：曹军长途跋涉而来，疲劳过度，锐气大减；另外，南方江河众多，而曹军多来自北方，不熟悉水性，不善于水战；军中又流行瘟疫，疫病凶险；新编的水军又与刚刚归附的荆州水军不能和睦相处，因此，导致交战失利了。

曹操暂时放弃了攻击，等水军跟陆军会合后，驻扎在江北。他又将战船靠在北岸的吴林一侧，抓紧训练水军，为下次作战做准备。

曹操考虑到，军中士兵不谙水上交战，便用铁索把战船首尾连接起来，使战船紧紧地靠在一起，减少了船在水中的颠簸幅度，将士行走在上面就像走平地一样。

▼曾经热闹的古赤壁遗址

南岸赤壁一带，驻扎着周瑜的战船。两军隔江对峙。周瑜手下大将黄盖向他建议："曹军人多，我军人少，如果打持久战，我军必定会吃亏。但是，我看到曹操把他的战船都连接在一起了。如果能用火来攻击曹军，一只船着了火，其他船就会跟着着火，等战船烧起来，再趁

机攻击，就容易取胜了。"

周瑜觉得这个办法很好，同意了。

黄盖想假意投降曹操，亲自驾船火攻曹营。他主动提出使用苦肉计，以取得曹操的信任。周瑜没有同意。但黄盖一再坚持，周瑜不得已采用了黄盖的计谋。

黄盖告诉曹操，他与周瑜发生了过节，被打得皮开肉绽，所以，他准备投降曹操。

曹操相信了，与黄盖约好了归附的日期。

到了约定的日子，黄盖让人准备了10艘轻便船只，在船上装满柴草，稻草上浇上油膏，然后，外面用布把船伪装好，插上旗帜。只等机会一来，就要火攻曹营了。

这天，天还没亮，吹起了东南风。黄盖带领10艘船顺风驶向曹营。风越吹越大，黄盖顺风顺水，飞快地接近曹营。

▲积薪，点燃后，可用于烽火台报警

黄盖举起火把，叫人高声大叫："投降！投降！"曹军知道是黄盖来投降了，一点儿戒备都没有，站在船上眺望着。

眼看离曹军只有2里左右了，黄盖命士兵点燃柴草。转眼之间，撒上了油膏的柴草便燃起熊熊大火。军士们迅速离开着火的船只，看着那些火船顺着东南风，像箭一样冲向曹营。

曹军还没反应过来，火船就冲到了跟前。转眼之间，大火便将曹军的船只引燃。由于船只都用铁索紧紧连在一起，一时难以分开，所以，大火以飞快的速度蔓延开来，所有的战船都烧了起来。

大火顺着风一直烧到岸上，曹军营帐也是一片火海。顿时鬼哭狼嚎声四起，烧死和淹死的人不计其数。

早已在对岸整装待发的孙刘联军，趁机发起攻击。他

们快速渡过长江，杀进乱作一团的曹营。曹军损失惨重，吃了大败仗。曹操率领残兵败将向江陵逃去。

赤壁之战，曹军损失了一半的人马，元气大伤，不得不退回北方。

曹操之所以失败，是因为他忽略了一个气候学上的事实。在洞庭湖一带，因受复杂地形的影响，在晴朗的天气，也会刮起东南风。生活在江边的东吴人都知道，但曹操压根不清楚，所以，他没有料到会发生火攻。

《孙子兵法》上说：火攻，一是烧敌方营寨，二是烧敌方粮草，三是烧敌方重要物资，四是烧敌方仓库，五是烧断敌方通道；使用火攻，要选用气候干燥、有风的日子。

赤壁之战的火攻，是战争史上非常成功的火攻，它极大地改变了历史，也为军事史留下了醒目的前车之鉴。

扩展阅读

魏晋南北朝有一种"府兵"，是职业军人，很特殊，不受地方管辖。他们四处征战，拖家带口；他们战斗到哪里，家眷就搬迁到哪里。有的人家几乎月月在搬家。

◎一个精致的战役

有一个大将叫孟达，他原来是刘备的部将，后来投降曹操。

司马懿反感孟达，告诉曹操，孟达言行多变，不能太信任他。

曹操不听，照旧对孟达以礼相待，任命孟达做了新城太守。

时间久了，曹操对孟达不像原来那样重视了，孟达心里有些怨言。诸葛亮得知这个情况后，暗中写信给孟达，想让他重新回到蜀军阵营，孟达同意了。

诸葛亮也知道孟达反复无常，他怕夜长梦多，为了促使孟达快点儿归附蜀军，便把此事泄漏给了孟达的一个仇家，这个仇家又告诉给了司马懿。

孟达听说走漏了风声，担心司马懿讨伐自己，便打算立刻起兵反叛。

司马懿担心孟达马上起兵，造成损伤，便想暂时稳住孟达。

他给孟达写了一封信，说孟达以前舍弃刘备，投靠曹魏，是明智的选择，曹魏对孟达委以重任，就是想把抗击蜀军的重任交到孟达肩上，曹魏对孟达是恩重如山啊！蜀国人愚蠢，都憎恨孟达，诸葛亮想除掉孟达，苦于没有办法，便派人挑拨、怂恿。诸葛亮没安好心，否则孟达要叛变曹魏这么大的事儿，诸葛亮怎么随随便便就给泄漏出去了，一看就是存心的，好让孟达早日起兵，被曹魏斩杀，不得好下场。

孟达收到司马懿的信后，开始犹豫不决了。

诸葛亮预料到，司马懿会偷袭孟达，便叫孟达加紧防范，防止偷袭。

▲三国军事家司马懿之墓地

孟达写信给诸葛亮，说司马懿驻扎在宛城，距离洛阳有800里，他去洛阳上奏，再等皇帝批准，一来二去时间就耽搁很久了；再加上宛城离他还有1200里，等司马懿带兵来偷袭他，至少要一个月的时间，到那时，他的城池已修固，军队都做好了应战准备；另外，他驻扎的地形复杂，司马懿一定不会亲自来，如果是其他部将来，他就更不怕了。

司马懿这边，还在一方面写信安抚孟达，另一方面却暗中集结军队，准备讨伐孟达。

司马懿的部下都劝他，先观望观望再说，毕竟关于孟达反叛的事儿还未得到证实。

司马懿说，孟达是个不讲信用的人，他现在正犹豫不决，应当趁此机会一举消灭他。

司马懿亲自率领大军，马不停蹄地奔向新城。

孟达对司马懿的推断大错特错，他以为司马懿会先将此事禀报皇帝，但司马懿压根谁也没告诉，他来了个先斩后奏，只用短短8天时间就兵临城下了。

孟达万万没有想到司马懿会这样神速，大为惊愕，赶

忙写信给诸葛亮求救。诸葛亮派兵急救，却被司马懿派出的军队挡住了，不能前进。

孟达派人在城外树起层层木栅栏，阻拦司马懿。但毫无用处，司马懿将其拆毁，直逼过来。

司马懿将军队分成8路，把新城围了个严严实实。围了整整16天后，孟达的部将眼看守不下去了，只得打开城门，投降司马懿。

司马懿领军进入城中，将孟达活捉、斩首。

此役，非常小巧精致，几近完美。司马懿利用兵贵神速这一原则，使孟达猝不及防，葬送了性命。

兵贵神速，要求行军作战干净、利索，如此，才能臻于理想的军事境界。新城之战便是如此。

扩展阅读

魏晋有传递情报的邮递兵，叫"健步""急脚子""快行子"。遇到紧急公文或绝密情报时，信上插羽毛，叫"插羽"，类似于后来的鸡毛信，需日夜兼程地传送。

◎7年训练出一支水上部队

王濬没当兵的时候，志向就非常远大。他曾经在自家门前修了一条几十步宽的路。有人问他："你修这么宽的路有什么用？"他说："这样才站得下带着长兵器和幡旗的仪仗队。"大家都笑他，他认真地说："你们没听过一句话吗？燕雀安知鸿鹄之志？"

王濬后来任河东从事，因表现出色，又升为征南将军参军。大将羊祜对他非常赏识，把他当做知己。

有人对羊祜说："王濬好高骛远，生活奢侈，不是成大事的人，不能太重用他。"

羊祜说："王濬才能出众，是可以放心使用的人。"

后来，王濬任巴郡太守。巴郡距吴国很近，经常发生战争，当地人受尽了战争之苦，生了男孩，怕长大后被征去当兵，多数会将孩子扔掉。王濬因此制定了法规，一方面减轻徭役杂税，另一方面实行奖励制度，凡生育男孩的人家都可免除徭役。这样一来，几千名男婴得以保全性命。

▼巨大而华丽的古代战船

王濬不久又转任广汉太守。有一天晚上，王濬梦见有三把刀悬挂在屋梁上面，过了一会，又增加了一把。他一下子惊醒了，心里有些害怕。

一个部下却祝贺他说："三把刀是'州'字，又增加一把刀，这个刀是'刺'字，恭喜您将要做

益州刺史了！"

　　没过多久，一伙盗贼把益州刺史杀害了。朝廷果然任命王濬为益州刺史。

　　车骑将军羊祜正筹划攻打吴国，便向晋武帝提出，让王濬助他平定吴国。晋武帝同意了。

　　当时，吴国流传一首童谣："阿童复阿童，衔刀浮渡江，不畏岸上兽，但畏水中龙。"羊祜比较迷信，听到这首童谣后，便有心建立一支水军，但是，能够担当这个重任的人，必须是童谣里所唱的"阿童"。说来也巧，王濬的小名就叫阿童。羊祜便让王濬在巴蜀建造战船，训练水军。

　　王濬建造的战船很大，一次能搭乘2000多人，甚至可以骑着马在甲板上奔跑。船上还有楼阁，四面都开了门窗，船头刻着奇鸟怪兽。

　　王濬造好战船后，又训练水师，前后用了7年时间，训练精锐水军好几万。水面上到处都是高大的战船，史书上评价说："舟楫之盛，自古未有。"

　　王濬的水上部队，使"水陆并进"的灭吴计划成熟了。

　　王濬在巴蜀造船时，掉落了许多碎木，顺流而下。吴国的一个太守看到后，便把碎木拿给吴主孙皓看，提醒孙皓说："晋军大量建造战船，训练水军，必定是想大举进攻吴国。"

　　孙皓说："晋军没有攻打吴国的能力，再说，吴国还有固若金汤的长江天险，保险得很。"

　　吴国的确有实力不错的水军部队。吴国在侯官设有造船厂，在濡须口和西陵设有大型水军基地。大型战船称"五楼船"，上下共5层，可搭乘3000人左右，具有极强的海上作战能力。只是，孙皓并不知道，王濬经过多年的准备，已经实力大增，完全可以与他对抗了。

　　公元279年初夏，王濬请求攻打吴国。很多大臣都反

对，晋武帝犹豫不定。镇南大将军杜预支持王濬，也向晋武帝上疏，晋武帝这才同意了。

11月，20万晋军分为6路进攻吴国，王濬的水军成为主力部队。为了支持王濬，巴郡的百姓都带着自己刚刚成人的儿子来参军，这些孩子，便是当年他保全的那些婴儿。

转过年，到了1月，王濬大军到了西陵峡，见吴军在江上设置了铁锁，水里藏着铁锥，战船无法前进。

王濬早就侦察到了这些情况，已提前制造了几十张大筏，筏上绑着草人，草人身上披着铠甲，手里拿着棍棒。他让擅长游泳的兵士推着筏走在战船的前头。水下的铁锥一遇到筏，就扎在筏上，铁锥被拔了起来。

王濬还提前制作了火炬，火炬里面灌上麻油，放在船头。遇到铁链就用火炬烧，铁链很快就被烧断了。

吴军满以为铁索和铁锥可以阻挡战船行进，没想到王濬的水军畅通无阻，顺流而下，很快就到达了牛渚。

孙皓派人率一万水军阻击王濬，结果队伍不战而降。

吴军上下听说王濬的水军旌旗飘飘，遮天蔽日，铺满长江，气势宏伟，都被吓破了胆。有个大将自告奋勇，要求率领两万水军迎战王濬，孙皓同意了。可是，士兵们听说要去跟王濬交战，都吓得连夜逃走了。

王濬水军所到之处，如入无人之地，先后攻克4个州，43个郡，俘虏23万吴军将士。吴国就此灭亡了，三国分裂的局面从此结束。

三国时，主要的兵种就是陆军和水军。开始时陆军比重大；王濬灭掉吴国后，水军的比重占优。从两晋到南北朝，几乎都以水战为主。

水战还形成了一套作战体系：在距离远的时候，先用弓弩射击对方。双方接近时，再使用"拍竿"打压碰撞。当船舷接触的时候，就用矛戟等长兵器刺杀。如果攻上了

敌方战船，就用大刀、利剑等短兵器。如果敌方跳下船只逃跑，就要登陆作战。

至此，水上部队得到了充分发展和完善。

扩展阅读

西晋实行世兵制，只要是兵户的子弟，从童年起就要服各种杂役，长大后要从军，到60~70岁才能免役。皇帝只直接掌控中军，军队大部失控，这是西晋灭亡的原因。

◎ 柔软的攻心术

祖逖出身于官宦世家，他却不是娇生惯养的纨绔子弟。很小的时候，他就特别懂事，志气远大、不拘小节、轻财重义。祖逖后来出任司州主簿。西晋灭亡后，他一心想北伐，收复失地。

为了积聚力量，祖逖待人和悦亲近，经常鼓励他人要为北伐建功立业。

有一年，扬州闹灾荒，祖逖的门客去抢劫富人。祖逖去官府求情，想尽各种方法解救他们。等他们获救后，他没有责罚，反而体贴地问，要不要再去弄一把？

门客们听了，都深觉他为人甚好，更加坚决地拥护他。

祖逖就这样利用攻心术，揽获了很多义士和豪杰。

京都洛阳陷落后，祖逖带着几百家父老乡亲避乱。流亡路上很艰苦，但祖逖把车马都让给老人和病者，自己徒步而行。他还把粮食和药物送给贫弱之人。在途中，他们先后几次遇到打劫的强盗，每次，他都能奇迹般地化险为夷。众人皆敬服，尊称他为"行主"。

逃难到江南后，第二年，祖逖向大将军司马睿请求北伐，以雪国耻。司马睿打算当皇帝，另立新朝，想以江南为据点，所以，不想北伐。

祖逖多次相请，司马睿便封他为奋威将军、豫州刺史，让他自己去招收兵马，打造兵器，只象征性地给了他3000匹布和1000人的粮饷。

祖逖无钱、无兵、无武器，但他有青云之志和爱国之心。他带着跟他一起避乱的几百家人，渡江北上，开始了北伐之旅。

一天，船行驶到湍急的江心。祖逖望着万里河山，感慨万端。他手握船桨，敲打着船舷，说："我若不能恢复中

原，便如大江，绝不回头，永不渡此河。"

他的言辞，慷慨激昂，深深地感染了众人，众人都表示要始终追随他。

他这样一句不由自主说出的话，给他带来的拥戴是难以想象的。

到了淮阴渡，祖逖开始打造兵器、招兵买马，很快便召集了2000多士兵。

虽然兵力很少，但他还是开始了征战。由于他深得民心，走到哪里都得到百姓的支持，队伍逐渐壮大，很快从后赵手中夺回了大量失地。

长江以北有一些地主武装，他们趁中原大乱的机会，占据坞堡，互相争战。祖逖了解到，这些地主武装虽然投靠了后赵，但并不是心甘情愿的。因为后赵把他们的继承人都软禁了起来，迫使他们不得不归顺后赵。

祖逖于是说服他们停止自相残杀，一起对抗后赵，让他们表面上顺从后赵，暗地里给祖逖搜集情报。

▲南宋海船模型，用于海战

祖逖特别爱护百姓，常鼓励他们从事农业生产，还宴请当地长者。一些老人流着泪说："我们都老了，没想到还能遇到再生父母般的恩人，就是死了也不后悔！"

为了迷惑后赵，保护坞堡势力，祖逖经常攻打坞堡。但是，这只是做给后赵看的，往往是打得热闹，却没有伤亡，就像士兵演练一样。后赵因此就没有怀疑坞堡。

祖逖运用他柔软的攻心术，既得到了百姓的拥戴，又

能使坞堡势力心甘情愿为他效力。由此，他把河南的所有失地全部收复了。

攻心战是一种心理战术。这种战术能使对手心理上不舒服，或情感上发生软化、精神上感到满足，从而使对手妥协。在战争中，攻心最为重要。

然而，就在祖逖奋勇北伐、不断收复失地时，司马睿又改用文臣统领军队，使祖逖的北伐决策常常被否定。祖逖眼看着收复的领土重新被夺走，悲怆不已，抑郁而亡，终年56岁。

祖逖去世时，他所接触过的百姓就像失去了父母，哀声四起，悲痛万分。

扩展阅读

中国古时没有拼音，就用两个字合起来给一个字注音，这叫反切法。魏晋时候，反切法被运用于密语中。三国时，在童谣中用反切法传递情报。这种方法非常有趣。

◎疑影重重的水战

前秦皇帝苻坚一直打算消灭东晋，由他统一天下。大臣们认为时机不成熟，极力劝阻。苻坚不听，他很骄傲，说道："以我这样庞大的军队，就是单把将士们的鞭子丢到江里，都能阻断江水。"

就这样，他亲率90万大军，浩浩荡荡地出征了。队伍犹如巨蛇，绵延千里，水陆并进，声势震天。

面对如此强悍的对手，东晋皇帝任命谢石为征讨大都督，前往阻截。

谢石只有8万多人马，可怜巴巴，众人都觉得这是以卵击石，肯定失败。但大敌压境，也只得如此了。

苻坚的弟弟苻融率领前锋部队，迅猛地攻占了安徽寿阳。苻融截获了晋军一个送信的士兵，了解到晋军兵少、粮草断绝。于是，他把情况报给了苻坚。

▼苻坚为表彰将士所立的碑

苻坚大喜过望，只率领8000骑兵就赶往寿阳。大臣们又劝阻他，他依然不听，兴致勃勃地出发了。

苻坚到了寿阳，决定先劝降，如果晋军不投降，再发兵攻打。

有人提议，可派朱序去劝降。

朱序以前是晋军将领，是襄阳的守将。苻坚攻打襄阳时，朱序没有任何援军，但不肯投降，坚持抗战。后来，有部下叛变，做了苻坚的内应，使苻坚攻下了襄阳，朱序被俘。苻坚欣赏朱序的才能和忠义，任命他为度支尚书。

朱序虽然归顺了前秦，却一心念着东晋。他在前秦呆了4年，无时无刻不在想着报效故

国，只是苦于没有机会。现在，苻坚派他去晋军中劝降，他觉得这正是一个可利用的好机会。

朱序马不停蹄地赶到晋营，见到谢石后，他向谢石透露了前秦的军情。

他说："秦军号称有九十万之多，其实，这九十万人都分散开了。先锋部队到达寿阳时，后面的部队还没动身呢。现在，趁前秦大军还没到来，集中力量打击前秦的先锋。我作为内应，必定打败他们。"

朱序的意思是，他可以作为内间，来协助晋军作战。

按照《孙子兵法》中对间谍的分类，内间是5种间谍的一种。这5种间谍分别是：因间、内间、反间、死间、生间。

因间，是指利用敌国的普通人做间谍。

内间，是指收买敌国的官吏做间谍。

反间，是指收买或者利用敌方派来的间谍为自己效力。

死间，是指故意发出虚假情报给己方间谍，由他传给敌方，敌方上当后往往将其处死。

▼八公山古址，形容苻坚心惊的"草木皆兵"这个成语，便来自于此

生间，是指派往敌方侦察后能活着回报敌情的。

朱序，既是苻坚的部下，也是被迫投降苻坚的，因此，他很适合做内间。

谢石听了朱序的分析，欣喜异常，大胆地改变了作战方案，决定变被动防守为主动出击。

晋军先锋谢玄指挥军队进军。

前秦军驻扎在淝水西岸，与晋军隔河对峙。

谢玄派使者去见苻坚，说："你们靠河布阵，看来并不想速战速决，是想打持久战。如果你们把军

队稍微后撤一些，等我们渡过了河，我们进行决战可好？"

符坚同意了。他打算趁着晋军半渡过河时，派骑兵去冲杀。

河这边，符坚让前秦军稍稍后退；河那边，谢玄让晋军队伍过河。

当晋军渡过一半的时候，符坚命令前秦军攻击晋军。岂料，前秦军士气低落，失去控制，乱成了一团。

谢玄看准时机，率领8000多人，迅速闯入前秦军的阵地中。

朱序在前秦军做内应。他一边杀敌，一边大叫道："秦军败了！秦军败了！"

前秦军一听，信以为真，四散逃跑。大军顿时乱了套。符融一看大势不好，骑着马前去阻止。混乱的士兵哪里还会听他指挥，都只顾各自逃命。他的战马被慌乱的士兵撞倒，他摔落地上，就此而亡。

前秦军见主将死了，更加溃不成军，残兵败将纷纷退却，沿途都不敢停留，晚上连觉都睡不好，一听到风吹草动，就以为是晋军追来了。人马在混乱中相互踩踏，死伤无数。号称90万的大军回到洛阳时只剩下10多万了。

晋军的胜利，朱序的间谍活动应当记一大功。他的间谍活动没人察觉，使得符坚陷入被动地位。他的那一声"秦军败了"，使中国的统一进程延后了200多年。

▲漂亮结实的战船蒙冲

扩展阅读

诸葛亮曾六出岐山攻打曹魏，原因是，蜀军出征要通过几百里秦岭，峡谷深邃，陡峭惊险，一旦阻塞深谷，或遭伏击，后果不堪设想，因此才制定了出岐山的战略。

◎ 南北朝的信息战

韦孝宽是一个书香四溢的儒雅之人，他饱读诗书，博古通今；他又是一个深谙谋略、懂得战术的西魏大将。

公元538年，西魏边境发生骚乱，原因是，东魏大将段琛派牛道恒在边境煽动西魏人造反。韦孝宽受命去解决问题。他到了边境之后，一时也想不出什么好办法来对付牛道恒。

有一天，韦孝宽的部下收集到牛道恒书写的一些公文。韦孝宽看了看，突然想出一个计谋来。他让部下去寻找擅长临摹字迹的人，然后，让此人模仿牛道恒的字。

这个人被连夜找来了，很快便照着牛道恒的文书临摹了一份样本。韦孝宽一看，惊喜异常，字迹与牛道恒的一模一样。他又把原件和复件调换着让部下看，结果，没有一个人能辨别真假。

韦孝宽于是叫这个人模仿牛道恒的笔迹写了一封书信，大意是：愿意归顺韦孝宽，具体归降事宜再作商议。

假信写好后，韦孝宽拿在手里，突然对着蜡烛伸过来，信的一角燃了起来。部下忙去扑火，但信已被烧得残缺不全。

韦孝宽笑着告诉部下，他是故意烧的，这样看起来才更真实可信。

众人恍然大悟。原来，韦孝宽是想用这封假信来离间段琛和牛道恒的关系；烧信是为了让段琛以为，牛道恒在写完信后害怕走漏消息，想烧毁信件，但信件却意外地遗留了下来。

▲威武雄壮的南北朝武士彩绘石刻

第二天，韦孝宽派人带着假信去宜阳，趁着天黑的时候，偷偷把信放在段琛营房走廊的地上。

巡夜的军士毫无悬念地发现了信，捡起来一看，大吃一惊，忙交给段琛。

段琛半信半疑，叫人拿来牛道恒的亲笔公文，两相对比后，他不禁愤怒起来。

从此以后，段琛开始疏远牛道恒。以前，段琛在军事上经常采纳牛道恒的建议，这之后便一律否决。他还暗地里派人盯着牛道恒。

牛道恒很奇怪，后来他想，这是段琛在嫉妒他，于是对段琛有了芥蒂。

两个人的积怨越来越深，到后来，竟然发展到互不往来的地步。

韦孝宽知道后，对部下说："段琛和牛道恒已经成了死对头，如果我们采取各个击破的策略发起攻击，他们肯定不会相互救援。"

部下都觉得韦孝宽的分析有道理。于是，韦孝宽下令立刻起兵。

事实正如韦孝宽所料，段琛和牛道恒见韦孝宽来攻，都采取了隔山观虎斗的架势。结果可想而知，段琛和牛道恒大败，双双被韦孝宽俘虏。

韦孝宽利用伪造信件的方式使用反间计，这是军事史上的一个创举。这其实也是一种信息战。

信息战，以信息作为主要武器，达到打击对方的目的。在信息战中，一方常常利用虚假的信息，使另一方做出错误的决策。韦孝宽的战术，就契合了这种模式。

不过，古人没有发明出"信息战"这个词。对于信息战这个概念，公认是美国军方1991年后提出来的。

韦孝宽由于精通战术，一直被委派在边陲重镇。

公元570年，韦孝宽在北周任重要将领，把守边境门

户。他的主要敌人是北齐大将斛律光。

斛律光在边境修建工事，在短短的时间里，竟然建起了13座城，绵延500多里。其中，有两座城与韦孝宽所部形成对峙。韦孝宽意识到，斛律光时刻准备着对他采取军事行动。

韦孝宽觉得，与其坐以待毙，不如先发制人。结果，出兵不利，打了败仗。

斛律光在北齐任左丞相，他智勇双全，是难得的栋梁之才，他一个人就能顶一个国家。遇到这样的将帅，韦孝宽觉得不宜与他做正面斗争。

▼北齐骑兵行军作战壁画

韦孝宽了解到，斛律光由于功勋卓著，很多人都嫉妒他。其中有个死对头祖珽。祖珽受到北齐皇帝的恩宠，朝中很多事情都交给他处理。斛律光看不惯他的作为，担心他误国。有一次，斛律光直接骂祖珽："盲人用权，国必破矣。"祖珽视力不好，遭到咒骂，更加生气，与斛律光的矛盾也越来越大。

韦孝宽掌握了这些情况之后，便想借祖珽之手，杀掉斛律光。

他让人做了一首歌谣，歌中有这样几句："百升飞上天，明月照长安……高山不推自溃，槲树不扶自竖。"

歌中的"升"，就是指斛律光。因为在古时候，十升为斗，十斗为斛。"明月"和"槲树"，也暗指斛律光。"高

山"指的是北齐皇帝，因为北齐皇帝姓高。歌谣的意思是说：斛律光要当皇帝了，北齐皇帝完蛋了。

韦孝宽叫人把歌谣抄写了很多份，偷偷到北齐的都城散发。

祖珽看到了歌谣，禀报给北齐皇帝。皇帝只有10多岁，尚且单纯，不肯相信。但祖珽揪着不放，一再地跟皇帝提及，皇帝渐渐被说动了。

偏偏在这个时候，一个嫉恨斛律光的大臣也趁火浇油，跟北齐皇帝说："斛律光出征回来后，不解散军队，他这是想要造反啊！"

北齐皇帝叹道："都说斛律光要谋反，我还只是怀疑，现在看来，他是真的要谋反了。"

北齐皇帝把杀死斛律光的任务交给了祖珽。祖珽派一个人到边境，告诉斛律光，说皇帝要送给他一匹宝马，让他回都领马，与皇帝登山。

斛律光不敢怠命，以为真是皇帝召见，急忙风尘仆仆地赶回去。就在他走过宫门后，早已埋伏好的杀手突然跳了出来，用弓弦勒住他的脖子，把他活活地绞死了。他的全部家眷也都被处死。

斛律光与其说是被杀手勒死的，还不如说是被韦孝宽的信息战致死的。

斛律光一死，韦孝宽的心头大患从此解除。几年之后，北齐就被北周所灭了。

利用歌谣来进行信息战，也是韦孝宽发明的一个创举。比起伪造信件，这个战术更加高明，更加先进。

在当下的信息战中，这种方式经常被使用。当某个国家欲行使军事打击时，常常预先编造信息，或用音乐、或用短片、或用广告等，把要打击的对象渲染成极端恐怖的形象，以此为真枪实弹的军事打击做好铺垫。

在韦孝宽的时代，还没有短片或广告等形式，但他能

够想到利用歌谣来摧毁敌方，这是非常进步的。尤其是，歌谣容易传播，好记，这使他的信息战完美地取得了成功。

扩展阅读

曹魏将领邓艾攻蜀汉，蜀军据剑阁天险，牢不可破。邓艾从悬崖上另凿路线，穿过700余里无人区，无路时，裹毛毡滚下峭壁，终于攻入成都，灭蜀汉，创造了迂回战奇迹。

◎小马镫改写了军事史

慕容熙是后燕的国君，他对两个人有积怨，这两个人是一对兄弟，弟弟叫冯素弗，哥哥叫冯跋。慕容熙看他们不顺眼，便密谋杀掉他们。

这兄弟二人觉察到了，毫无办法，只好逃出皇宫，躲入了深山老林里。

慕容熙不仅心胸狭隘，还很暴虐荒淫，他执政不久，就招来百姓的怨言，几乎人人都对他恨之入骨。躲在树林里的冯氏兄弟一商量，觉得是除掉慕容熙的好机会。

于是，他们暗中联络一些大臣，趁着慕容熙为皇后送葬时发动了政变，将慕容熙杀死了。

慕容熙死后，冯素弗没有争位，而是恭敬地拥立哥哥冯跋为天王，国号仍为燕，史称北燕。冯素弗为车骑大将军，兼尚书事。

冯素弗品德很好，他勤俭节约、严于律己、刚正不阿。大臣都顺服他，百姓都爱戴他。遗憾的是，他只做了7年的丞相便因病去世了。

他的离去，是北燕的一大损失，全国上下无不悲痛。北燕天王连续7天守在他的灵柩前痛哭，下令厚葬他。

在冯素弗的陪葬物品中，有一样东西非常值得一提。东西非常小，但它却改写了军事史。

那是一个马镫，它是世界上最早的马镫。

马镫是挂在马鞍两边的脚踏，供骑马人用来踏脚。马镫可以助人上马，使人更灵活地驾驭马匹，保护人的安全。

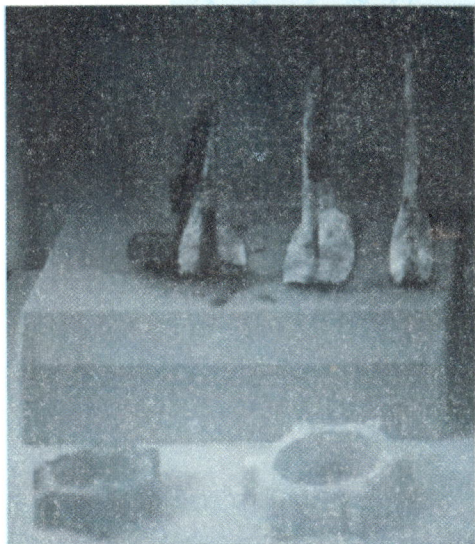

▲小巧精致的马镫改写了军事史，图为辽代马镫

▲马鞍的发明，使战马更容易驾驭了

在马镫发明之前，骑马并不很安全，马在快速奔跑或腾跃时，人很容易从马上摔下来。

北燕常与高句丽发生战争，争夺地盘，双方都很重视骑兵。北燕人为了拥有更大的战胜几率，发明了马镫。马镫简单而实用，它极大地增强了北燕骑兵的战斗力。高句丽看见了，心急如焚，收集到北燕的马镫，当成宝贝似的研究，然后，进行改造。北燕的马镫是在木芯外面包上铜，高句丽则在马镫的木芯外面包上铁。

有了马镫，骑兵的双脚终于有了支撑点，双手终于能够彻底腾出来进行战斗了。技术娴熟的骑兵，双脚踩住马镫，还能使人马融为一体，完成马上站立、俯身、马侧藏身躲闪等动作，战斗锋芒锐利无比。

小小的马镫，是古代军事史上的大手笔。

扩展阅读

南北朝将领檀道济攻北魏，粮尽退兵，北魏追赶。他用沙冒充米，量米计数，北魏军以为粮足，不敢追了。晚年，他总结出"三十六计"，为军事宝库留下了瑰丽硕果。

第五章

隋唐盛世，军事盛事

隋唐时期，军事发展迅猛。尤其是在唐朝，繁盛的局面使军制得以完善，成为历史上最有特点的军制。唐朝的兵员职业化，骑兵强盛，战斗力旺盛，打了许多漂亮的边防战争、卫国战争。在抗日援朝战争中，也发挥了跨海作战、水陆两栖作战方面的巨大优势。

◎最著名的围城

围城打援是一种很著名的战术，它是以部分兵力包围敌方城池，诱使敌人派兵援救，然后又以事先埋伏好的主力打击敌人援军的战术。

围城打援在春秋战国时就出现了。到了唐朝，仍旧是重要的军事策略。

公元620年7月，唐高祖为统一天下，命秦王李世民率军讨伐王世充。王世充割据洛阳，派精锐部队坚守，自己率领3万人马准备迎战。他还暗中请求突厥出兵，以达到牵制唐军的目的。

王世充迎战不利，李世民的先锋部队攻下了洛阳西面的慈涧，王世充只好退回洛阳城内。洛阳城防坚固，又有重兵保守，一时间难以攻下。

李世民决定先扫清洛阳周边的守军，再攻击洛阳。

到了第二年2月，唐军先后攻占了多处要地，截断了王世充的粮道，使洛阳与外围的联系中断了，洛阳成了一座孤城。

与此同时，王世充因多次战败，部下对他失去信心，几十个州都相继投降了唐军。唐军对洛阳的包围更加紧密了。

但是，洛阳城实在难攻，唐军费尽心机都没有攻下。将士们疲劳不堪，垂头丧气。唐高祖认为再苦战下去，只会越来越糟，便命令李世民班师回朝。李世民却认为还有希望，坚持要继续围困王世充。

▲昭陵六骏之"什伐赤"

▲昭陵六骏之"特勒骠"

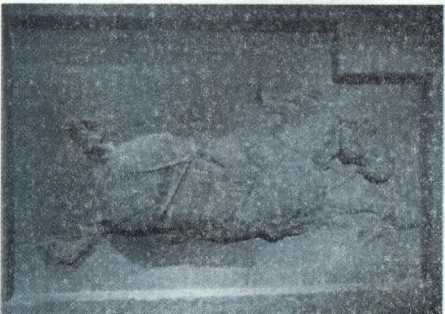

▲昭陵六骏之"青骓"

　　在洛阳城内，情况的确堪忧，粮食快没有了，军民终日凄惶。王世充忍耐不住，向驻扎在河北的一支武装力量求助。

　　这支武装力量的统帅是窦建德。窦建德分析了形势，他觉得，一旦唐军灭掉了王世充，就会来对付他，因此，他决定联合王世充，共同抵抗唐军。

　　在3月时，窦建德率10多万人马朝洛阳进发，准备援救王世充。一路上，他打了好几个胜仗，越发精神振作。

　　突厥可汗为帮助王世充解围，分散唐军兵力，不断地进犯唐军地界，扰乱唐军。

　　战势变得复杂起来，但李世民没有乱了分寸。他让一部分兵力继续围困洛阳，他自己则率领3500人抢占虎牢要地，拦截窦建德。

　　唐高祖又派出一支兵力阻击突厥军，另派一支兵力增援洛阳。

　　李世民与窦建德相遇后，发生激战。在长达一个多月的时间里，窦建德都处于下风，粮草还被李世民给毁掉了。士兵们想念故乡，情绪低落，不愿出战。

　　由于李世民的草料用完了，时常要把战马放到野地上

▼昭陵六骏之"白蹄乌"
▼昭陵六骏是李世民骑过的战马，图为"拳毛䯄"

吃草。窦建德便想利用这个时机偷袭虎牢。李世民早有预料，他决定将计就计。

5月1日这天，李世民让人带着1000多匹马在河边吃草，引诱窦建德出兵。第一天，窦建德没有动静。但第二天，窦建德派出了全部的兵力，浩浩荡荡地开赴虎牢。李世民闻讯，让人把吃草的马匹都调了回来，然后按兵不动。

窦建德的将士们得知后，气得半死，他们本来就吃不饱，过度疲劳，却又白白折腾了一趟，心中都怀着怨气。

就在他们想退兵的时候，李世民派出300名骑兵前去试探，发现他们阵形混乱，便命轻骑出击，大军随后赶上。

窦建德毫无反抗余地，有3000多人被杀，5万人被俘，窦建德也被生擒。

由是，王世充的援军被消灭，围城打援的战术告以成功，洛阳城孤悬无依，王世充无奈投降。

围城打援的战术中，有一个关键：不能让守军和援军照面，因为一照面就会士气大振；更不能让他们会合，一会合，力量就必然大增。因此，李世民把围城和打援的战场分开来，使守军和援军始终未能照面，这增大了他成功的概率。

李世民的这场"围城打援"战术堪称典范，常被后世借鉴。到了解放战争时期，这个战术仍被频繁使用。

扩展阅读

古代有种心理战叫"卷旗入阵"：两军对垒时，带一队精骑，将旗帜卷起，冲到敌后，再把旗帜竖起。敌人以为后方被占领，充满了恐惧，士气顿消，无心再战。

◎ 在速度中进军

　　唐太宗李世民具有非凡的识人能力，他发现李靖是个军事奇才，便任命李靖为兵部尚书。李靖原先反对唐朝，但当他看到唐太宗赏识自己后，便鞠躬尽瘁地一心为唐朝效命了。

　　由于唐朝边境屡遭东突厥的骚扰，为了平定边境，公元630年1月，李靖前去讨伐。

　　李靖非常注重兵法，他主张：兵情主速，乘人之不及。所以，这次突袭，他只带了3000骑兵。从马邑赶到恶阳岭，只用了很短的时间。

　　他的意图是，利用快速进军，打一场心理战，先从心理上把颉利可汗吓倒，在气势上压过颉利可汗。

　　颉利可汗就驻扎在恶阳岭附近，他一听说李靖来了，瞠目结舌，简直不敢相信。他更没想到李靖只带了3000人就敢深入虎穴。

▼驭马自如的弓箭手

颉利可汗对他的部下说，李靖一定是把唐朝的所有兵马都带来了，不然他不敢孤军深入。

他吓得厉害，一日数惊。最后，他煎熬不住，撤离了聚居地，把营寨迁到碛口。

过了一个月，李靖领着骑兵，开进阴山，突袭颉利可汗。

李靖使用了七军六花阵法，以骑兵为主力，阵势灵活机动，开合自如，方阵、圆阵、曲阵、锐阵变化多端。突厥将士被搅得迷迷糊糊，死伤无数，不敢应战。

颉利可汗想不出破解的办法，心里更加恐慌。他只好带着部队又逃进了铁山。

为了从长计议，一日，颉利可汗派人去长安，向唐太宗求和。

唐太宗答应了，派唐俭和安修仁为特使，去安抚突厥，还传命李靖罢兵，处理突厥投降仪式。

李靖接到命令后，一眼便看清了颉利可汗的阴谋。他当机立断地说："不能罢兵，必须立刻袭击突厥，颉利看到

▼骑兵在唐朝仍是主力，图为战马

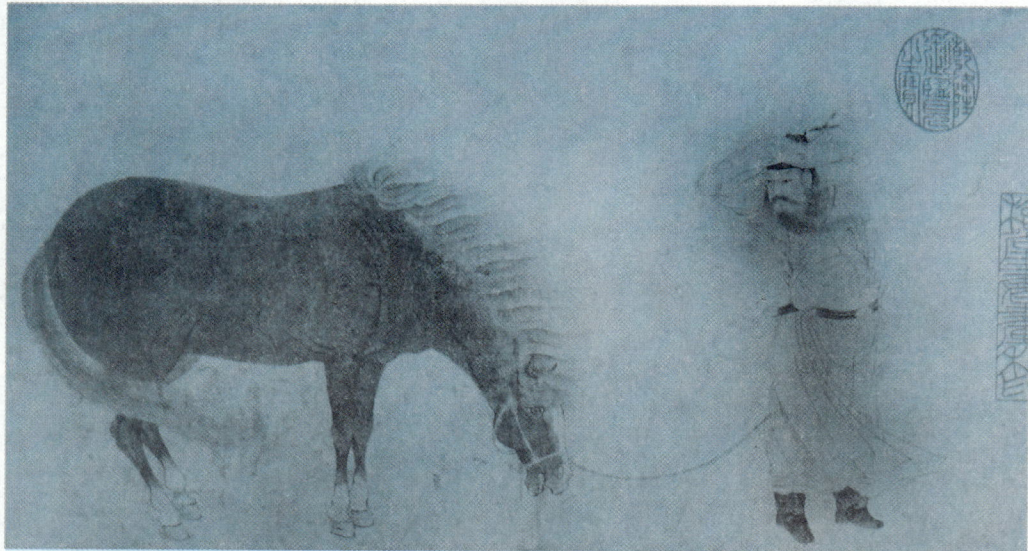

唐俭和安修仁，必然会放松警惕，趁此，只消一万骑兵，二十天的口粮，就可一举消灭突厥。"

副帅张公谨忙劝阻，如此不妥，唐俭和安修仁正在跟突厥和谈，若这个时候突然袭击，颉利可汗肯定会杀了他们两个。

李靖坚持自己的意见，强调用兵贵在机巧，这是一个千载难逢的好机会，不能失去；如果能因此而灭掉东突厥，即便牺牲两个特使，也是值得的。

张公谨等人还是极力反对。奈何李靖主意已定，难以说服。

李靖不顾唐太宗的诏令，亲率一万骑兵，悄悄跟在特使唐俭和安修仁的后面。二人毫无察觉，不知道自己已经命悬一线。

2月8日，李靖的部队突然把颉利可汗的大营包围了。

颉利可汗吓了一跳，大惊失色，急忙把唐俭和安修仁找来，质问他们："你们奉诏前来议和，李靖却带兵来攻打，这是怎么回事儿？"

唐俭和安修仁也骇然一惊。

唐俭试图开解，他说："我们二人是直接从长安来的，关于议和的命令可能还没有送达李靖军中，请允许我二人出营去跟李靖说明情况，他自然就退兵了。"

颉利可汗一时乱了手脚，听了唐俭的话，便叫他和安修仁立刻去劝解李靖。

唐俭和安修仁一听这话，转身便走，出了大营，迅速地跑起来。

一直监视大营的李靖发现后，立刻指挥将士发起攻击。颉利可汗一点儿防备都没有，慌乱之中，只好夺路而逃。结果半路上被唐军的另一支队伍截住，5万兵马全被俘虏。他带着少量兵马继续逃跑，又被大同的边防军活捉。

这一战，唐军共俘虏突厥10多万人，消灭万余人。

唐俭和安修仁在手无寸铁的情况下，奇迹般地逃过了一劫。他们东躲西藏，好不容易回到了长安，见到了唐太宗，把李靖的所作所为说了一遍。

大臣们听了，都很气愤，纷纷指责李靖，说他把堂堂外交官的性命当儿戏。唐太宗也很生气，下诏让李靖回朝。

李靖回朝后，面对唐太宗的质问，不紧不慢地解释他的行为，说这是"去大恶不顾小义"。

唐太宗明白李靖的意思，知道他也是为唐朝江山着想，一时便没有处置他。事情就这样不了了之了。

在灭掉了东突厥后，李靖不久又立了一个大功——灭掉了吐谷浑。

李靖年迈后，又向唐太宗请战，要去讨伐高句丽。唐太宗见他白发苍苍，不忍心，没有答应。

公元649年，李靖一病不起。唐太宗亲自前往看望。看到李靖病危，唐太宗声泪俱下。这年7月，李靖去世，终年79岁。

李靖的军事思想，对后世影响极大。除了兵情主速外，在战争中，李靖极其重视"知彼知己"，尤其重视"知己"。他认为，既然已经知道了自身军情，即便不"知彼"，也不会失败。

李靖与唐太宗关于军事的问答，都被记录在《李卫公问对》中。北宋时，朝廷把这本书的内容作为官学的考试科目。可见李靖的军事才能何其了得。

🔖 扩展阅读 🔖

唐朝设有专管侦缉逮捕的小吏，叫"不良人"。还有"坊丁"，是各坊的治安巡查人员，同时掌管坊门的开闭。他们都肩负谍报任务，负责搜集各种信息并及时报告。

◎古人的两栖登陆战

在朝鲜半岛上，有3个国家：百济、高句丽、新罗。百济与高句丽是盟国，互相倚仗，经常侵犯新罗。新罗是唐朝的附属国，便向唐高宗求救。

唐高宗屡次下诏，让百济停止侵犯，百济不听。唐高宗忍无可忍，于公元660年，任命苏定方为神丘道大总管，率10万水陆大军征讨百济。

苏定方乘船抵达熊津江口。百济军早有准备，沿着江岸布防。苏定方率军登陆后，在靠山的地方布营，与百济军交战。

第一战，百济便被打败，损失几千人马，百济国王为之震悚。

随即，唐军的主力部队陆续赶来，水面上只见密密麻麻的船帆，战船一只接一只，壮观豪阔。主力部队也相继登陆参战。与苏定方的军队一同往百济都城进发。

在距城不远的地方，苏定方遭到百济军的拦截。百济几乎派出了所有

▲水陆两栖作战图

的兵力，但由于苏定方所向披靡，还是打了败仗，万人被斩杀。

唐军距离百济都城越来越近了，百济国王和王子心中害怕，弃城而逃了。

苏定方分秒不误，疾速前进，将百济都城团团包围。百济国王虽然逃走了，但他的次子扶余泰却自立为王，坚

守都城，拼死抵抗。

扶余泰的侄子心有不满，他告诉扶余泰，国王是在危急时出走的，扶余泰却自立为王，一旦唐军撤兵，国王回来，就会要扶余泰的命，也会要他的命。

扶余泰不听，置之不理。

他的侄子便带领部下，拽着绳索滑下城去。军士们本就无心守城，一看王室成员都顺着绳子溜走了，便都纷纷跟随。扶余泰急忙派人制止，但哪里制止得住。

苏定方打探到了情况，即刻命令军士爬上城楼，将唐军的旗帜插到城楼上。百济人一看到唐军的旗帜，以为城池已失，更加惶恐不安，再无斗志。

扶余泰无可奈何，走投无路，只得打开城门，乖乖投降。

不久，逃走的百济王、王子、各个城的守将，也都前来投降。至此，百济平定。

苏定方一人灭一国，用了不到10天时间。

苏定方平定百济，属于跨海两栖登陆战。两栖登陆作战，就是对敌方进行渡海攻击，也叫两栖作战。在中国古代战争史上，这是非常罕见的，也是规模最大的。它显现出，唐初的水军已经相当完备，造船和航海技术也达到了极高的水平。

扩展阅读

进奏院是唐朝的间谍机构。各藩镇势力在搜集情报后，通过进奏院向朝廷及时报告。它的出现，使《开元杂报》得以诞生。《开元杂报》是中国第一份新闻报纸。

◎唐朝的抗日战争

3月的一天，刘仁轨突然接到诏令，唐高宗任命他为检校带方州刺史，带兵前往朝鲜半岛，抗击日本倭寇。

60岁的刘仁轨激动得不得了，他开心地脱口而出，这是天厚待我呀！

唐朝为什么要去异国他乡抗击倭寇呢？

原来，朝鲜半岛上的百济被灭国后，百济遗臣暗通日本倭寇，倭寇出兵支持百济复国，百济为扩张，猛攻新罗，新罗屡次向唐朝求救，这才有了刘仁轨远征之事。

这是刘仁轨有生以来第一次带兵出征。他非常高兴，信心十足。

他刚到朝鲜半岛不久，战局就激烈化了。

日本天智天皇派出2.7万人扑向新罗，几乎是以迅雷不及掩耳之势就夺取了两座城池。由此一来，新罗与唐军的联系就被彻底地拦腰切断了。

唐军紧急召开军事会议，制定作战方案，决定兵分两路：一路为陆路；一路为水路，由刘仁轨等率领水军，经过熊津江，入白江，顺流而下，与陆军会合，再一同进攻倭寇。

计议已定，水陆两军各自出发。

陆军将领孙仁师等人，先到了白江，与倭寇打了起来，取得了胜利。

倭寇不甘心，又调来水军准备渡海前来增援。他们打算从白江口登陆。这时，刘仁轨已带领水军抢先一步到达了白江口。

等到倭寇的水军来到白江口时，刘仁轨已摆好战船迎战。

倭寇首先发起了进攻。

倭寇有水军一万多人，战船1000多艘，而刘仁轨只有

▲战马是古代战争的重要元素，图为寒林牧马

水军7000多人，战船170艘。不管是兵员还是战船，刘仁轨都比倭寇少得多。但是，唐军战船硕大，性能比倭船好得多。

中国很善于建造大型的海船，船有5层甲板，体积庞大，能够抵挡较大的风浪。战船的种类也很多，分为楼船、蒙冲、斗舰、走轲、游艇、海鹘等。由于唐朝水军战船精良，又事先抢占了有利位置，因此，倭寇难以攻下，一通喊杀后，又败退回去。

倭寇并不沮丧，他们认为，自己的实力强过唐军，如果能抢先发起攻击，唐军自然就会败北了。所以，他们打算再次进攻，也不管天气情况。

第二天，倭寇联合了百济的水军，共同对刘仁轨发起猛攻。

▲唐朝五代的作战武士服

刘仁轨毫不怯懦，他利用唐军战船高大的优势，指挥战船把倭船夹在中间，使得倭船难以转侧，动弹不得。

接着，刘仁轨根据风向，让军士点火，用火来攻击倭船。倭船瞬间着火，倭寇纷纷跳海，烧死、淹死者不计其数。一时，"烟焰涨天，海水皆赤"。

此后，倭寇又与刘仁轨发生了交战，先后激战过4次，每次都是唐军取胜，战果辉煌。

最终，倭寇的400多艘战船被毁；百济王仓皇逃跑，百济王子投降，百济再次被平定。

倭寇的陆军听到消息后，心惊肉跳，不敢相信。最后，几个陆军将领碰面，噤若寒蝉地说，百济都被灭掉了，岂可继续前往？干脆回去吧。

自此，倭寇退出了朝鲜半岛。

白江口大海战，是军事上一次不可忽略的战争。主将刘仁轨以己之长攻敌之短，取得了中日战争史上第一次大

规模海战的重大胜利。

海战一般分两种：海上进攻战；海上防御战。海战的目的是：消灭敌方海军力量，夺取制海权。

重要的海战，往往会对战争的进程产生重要的影响。白江口海战就是这样。

这场战役的胜利，促使唐军平定了百济，对蠢蠢欲动的高句丽形成巨大的压力，也使日本侵入朝鲜半岛的野心彻底打消。

日本天皇害怕唐军会追杀到本土来，急忙掏出巨资，修筑海上防线，足足修了4道，以备唐军。看来，的确是被吓破胆了。

扩展阅读

唐朝有一种"行军"，意思是，遇到大的战事时，由府兵、禁军、镇戍部队等临时组成作战部队，由中央任命大将统一指挥。"行军"灵活，对边疆战争很有效。

◎用思想打仗

西突厥的可汗是阿史那都支，唐高宗时，他经常派兵骚扰边境。唐军派兵还击，打来打去始终没能解决问题，却使边境遭了殃，百姓不能正常生产，居无定所，苦不堪言。

一日朝会，吏部侍郎裴行俭建议唐高宗，如此持久战，别无好处，应该停止对突厥的征讨，让边境百姓过安宁日子。

众大臣一听，都极力反对，纷纷指责裴行俭畏敌。

唐高宗也有些犹豫。唐高宗觉得，唐朝作为泱泱大国，昌盛强大，怎么能容许区区突厥边贼的进犯。

就这样，朝廷继续对西突厥用兵，但还是不能全胜，边境乌烟瘴气。

不久，裴行俭听到一个消息，说波斯国王病逝了。他马上入宫，向唐高宗说，平定西突厥的办法有了，波斯王子现在正在朝中做人质，可以借送王子回波斯居丧为名，在途经西突厥时，趁势擒住西突厥可汗。这样一来，就可以不动一兵一卒，便能平定边境了。

唐高宗一时也想不出其他办法，便同意了裴行俭的建议。

公元679年7月，在炎热的日子里，裴行俭带领使团离开京都，进入了西域境内。

裴行俭对西域非常熟悉，此前，他曾因为得罪了唐高宗的皇后（武则天），被贬到西域任西州都护府长史、安西大都护。任职期间，他与西域各国交往频繁，对当地的

▲神情生动的唐代武士俑

政治和生活都很了解。因他做事光明磊落，待人坦诚友好，很受西域各国的敬重。安西四镇的酋长们与他有着深深的故交之情，因此，当他们得知裴行俭送波斯王子途经此地后，都带领人马隆重地设宴欢迎他。

裴行俭与酋长们进行了秘密商谈，在酋长们的帮助下，他征募到1000多个武艺高强的人；又征募到一个由一万多人组成的胡人队伍。

西突厥的探子也听说裴行俭到了西域，急忙告知可汗阿史那都支。

阿史那都支做好了应战的准备。但后来探子又报，裴行俭一行因为天气炎热，远行劳苦，打算等天渐凉的时候再继续西进。阿史那都支以为裴行俭一心都放在波斯王子的丧事上，便松了一口气，松懈了防卫。

他哪里知道，这其实是裴行俭的计谋，目的就是要他放松警惕，以便打他个措手不及。

在放出假信息后，裴行俭带领军队开始急行军，昼夜不停，翻山越岭，在短短的几天内，就神出鬼没地到了距离阿史那都支部落10多里的地方。阿史那都支竟然一点儿也没有察觉。

裴行俭为了进一步麻痹阿史那都支，故意让军队放慢脚步，拖拖沓沓，无精打采，懒洋洋地行走，显得杂乱无章。之后，裴行俭派使者去见阿史那都支，说自己正在打猎，邀请他一起打猎饮宴。

阿史那都支吃惊不小，唐军都到自己家门口了，居然还不知道！

他没有回复，赶快派人去探看。探者回报说，唐军队伍散乱，不成队形，士兵坐的坐，躺的躺，看样子都热得不行了。

阿史那都支稍稍安定，但他想到裴行俭有两万兵力，而他由于没防备，手头兵力有限，不能作战，现搬救兵也

来不及，便只能硬着头皮去裴行俭那里赴宴。

阿史那都支带了500名卫士，还带着他的儿子、侄子，一起来到唐军大营。裴行俭见他一露面，立刻命令军士将他们团团围住。

阿史那都支知道上了当，但面对众多全副武装的勇士，也只得束手就擒。

裴行俭命他交出可汗契箭，然后派人拿着契箭去请西突厥的各部落酋长，让他们来参加酒宴。酋长们看到可汗契箭，根本不怀疑有诈，都高高兴兴地来了，结果全被扣留。

就这样，裴行俭在不伤一兵一卒的情况下，轻轻松松就平定了西突厥。

▼在西域大漠中行进异常艰难

在这个过程中，裴行俭本来是能打、要打的，却假装不能打、不想打，用散漫的军容麻痹对方，这是非常高明的。

所谓"兵者，诡道也；能而示之不能，用而示之不用"，就是如此。

在军事行动中，最高明的战术，是以谋略摧毁敌方；次等的战术，是以外交攻击敌方；再次等的战术，是以武力逼迫敌方；最下等的战术，是直接攻城。而裴行俭的战术，正是以谋略摧毁敌方。

裴行俭凯旋回来后，唐高宗喜出望外，惊叹不已，说裴行俭孤军深入，不动刀枪就捉来了叛党，实在是个文武

兼备的人才啊！

可是，由于裴行俭不善于逢迎，在平定西突厥过后，唐高宗却听信谗言，冷淡疏远了他，不予重用。裴行俭忧伤悲愤，积而成疾。

不久，西域又有叛军骚扰边境，唐高宗又想起他来，又命他出征。他从病榻上挣扎而起，却在一瞬间，猝然而倒，永逝人间。

扩展阅读

唐朝人为逃避兵役，不惜自残肢体。朝廷为解决兵源问题，实行募兵制：以一定的钱物招聘职业军人。如此先招募了12万"长从宿卫"，又在边地招募了"长征兵"。

◎借兵的结果

公元755年12月，在寒风凛冽、大雪肆虐的冬天，安禄山、史思明趁着唐朝内部空虚腐败，联合少数民族15万兵力，起兵反叛。叛军长驱直入，只用了短短的35天，就占领了京都洛阳。这就是改变了历史的"安史之乱"。

皇帝后妃连夜逃往四川，命大将郭子仪征讨叛军。郭子仪在博陵一带，对抗5万叛军。他没有冒进，相反，他却退守常山了。

叛军将领不知这是郭子仪的疲敌之计，见郭子仪退守后，一路追踪，想趁机杀灭唐军。郭子仪率领500精锐骑兵向北转移，故意弄得灰尘四扬，喧声四起。

叛军没有意识到自己正被牵着鼻子走，还在卖力地猛追，整整追了3天，追到了唐县，这才发现唐军不过就500人，气得肺都快炸了，明白上了当，但已然疲惫不堪，气力不支。

郭子仪见之，率领人马回头斩杀，将叛军打得一败涂地。

这是一次成功的疲敌战术，大挫叛军的力量。

两年后，郭子仪被任命为天下兵马副元帅，想要收复东都洛阳和西都长安。但叛军大多是罗人、奚人、契丹人、室韦人、突厥人等，他们逐草木而生，善骑善射，专门集结了9000精壮骑兵攻打郭子仪。

郭子仪兵力有限，皇帝又在流亡，他打算向漠北的回纥借兵。皇帝唐肃宗正在为复国而四处奔波，郭子仪前去晋见，请示借兵之事。唐肃宗大力赞成。

在与回纥统帅谈判时，唐肃宗急于获得帮助，许下盟约：一旦夺回京都，土地、士庶都归唐朝，金帛、子女都归回纥。

回纥统帅很高兴，答应了借兵之请，把4000彪悍的骑兵交给郭子仪。

▲狗在古代常被用来传递信息

郭子仪又东拼西凑，凑了15万人马。临出征前，他向唐肃宗立下誓言，如果不能获胜，他将以死谢罪。

深秋10月，郭子仪果然不负诺言，经过誓死拼杀，他与回纥骑兵一起收复了西都长安。之后，又收复了东都洛阳。

但是，他的借兵之举，付出的代价却是极其沉重的。

洛阳收复之后，回纥军队大举扑入，肆意抢劫。百姓不堪惊扰，主动交出罗绮万匹，回纥这才罢休。

由于唐肃宗还答应了回纥驻军的要求，回纥骑兵便总是不时外出，无故骚扰，闹得人仰马翻，满目狼藉。唐朝为平息、笼络回纥，一味地赠送金银财帛和女色，回纥更加肆无忌惮了。

为了安抚回纥，公元758年7月，唐肃宗还将最小的女儿宁国公主下嫁给回纥可汗。临别时，宁国公主大义凛然，告诉唐肃宗，她以国家为重，死而无恨。等宁国公主远嫁后，不到半年，可汗就死了。按照回纥人的风俗，她必须殉葬。宁国公主不肯，用刀子划破脸，血流满面，以示祭奠，这才免于人殉。她在回纥难以安身，带着深深的耻辱被接回唐朝。

这次和亲，给宁国公主造成了巨大的创痛，并未起到明显的政治作用。

在国家政权中，军队是维持、稳固这种政权的力量，是正规的武装组织，是对外抵抗或扩张的工具。它非常重要，对它的使用也要非常慎重，不到迫在眉睫，绝不可借进借出。借兵的确会大大增强军事力量，但是，由于引入了对方的武装组织，也会造成巨大的后患。

▲唐朝大将郭子仪画像

扩展阅读

春秋时，用马传递情报；南北朝时，用骆驼传递；唐朝大将哥舒翰也用骆驼向皇帝传递各藩镇的情报；晋朝文豪陆机用狗传递书信；元朝专门设立"狗站"，用狗传书。

◎ 谁发明了地道战

谁是第一个发明地道战的人？

答案是：李光弼。

公元755年，安史之乱爆发了。两年后，叛军将领史思明等人进攻太原。镇守太原的唐军守将是李光弼。他只有一万人，而史思明拥军10万。

不过，虽然兵力悬殊，但李光弼打仗有方，史思明一时难以攻下。

李光弼格外镇定，他还时不时地对叛军发起突袭。他在城上安装了石炮装置，将一块块巨大的石头抛向史思明的营中，砸死砸伤无数敌兵。

最了不起的，是他发明了地道战。

他让士兵从城中挖地道。兵士们昼夜劳作，把一条又深又长的地道悄无声息地从城内通到了城外，一直通到了史思明的大营中。

史思明压根没觉察到，毫无防备。结果，李光弼指挥士兵从地道里突然钻出，把叛军吓了一跳。接着，叛军惶恐大乱，被杀得措手不及，损失一万多人。

如此重创，让史思明又气又恨，但也只得撤兵了。

▼《浴马图》中，体态轻盈的马儿姿态各异地嬉水、休憩

2月，李光弼又率军攻打史思明，消灭7万多人，太原之战取得决定性胜利。

太原之战是安史之乱中唐军的第一次重大胜利。这次胜利，是在兵力不如叛军的情况下取得的。这跟李光弼采用地道战有很大关系。

公元759年10月，史思明不死心，又来进攻河阳。他带了一队骁勇善战的骑兵，骑兵营里有1000多匹好马。李光弼极为喜爱这些战马，为了夺取马匹，他又想出了一个妙招。

他发现，史思明的战马每天都在黄河南岸洗澡，于是，他让士兵挑选了500匹还在哺乳期的母马，把它们的小马驹都留在城里，再把母马赶到黄河北岸。这些母马因为长时间看不到小马驹，便不停地大声嘶叫。结果，在南岸洗澡的史思明的战马听到以后，全都跑到北岸来了。李光弼轻轻松松就俘获了大量良马。

▲果断刚毅的军事家李光弼

扩展阅读

隋炀帝在雁门被突厥军包围，危急时刻，写求援信，封好，放入汾水。信顺流而下，被下游隋军看到，派出援军，击退了突厥。这是利用水流传递军情的成功典故。

◎演戏似的夺城

安史之乱期间，雍丘县令叫令狐潮，他打算投靠叛军。当抗击叛军的睢阳军队前来时，他出其不意地出兵攻打，俘虏了很多将士。

令狐潮把将士们捆在院子里，自己临时有事出城去了。将士们设法解开了绳索，杀死看守，紧闭城门，控制了雍丘。

之后，他们传信给讨伐叛军的将领张巡，让张巡进城。张巡一入城，立刻加强城防，把雍丘防守得十分严固。

整个夺城过程，就跟演戏似的。而接下来发生的战争，更加具有戏剧性。

令狐潮被关在了城外，恼羞成怒，带领叛军要攻克雍丘。

叛军建造了100多座移动木楼，打算用以攻城。木楼几乎与雍丘城一样高，叛军把木楼靠近雍丘，然后登上去，从四面围攻。

▼唐朝西域高昌国的弓矢

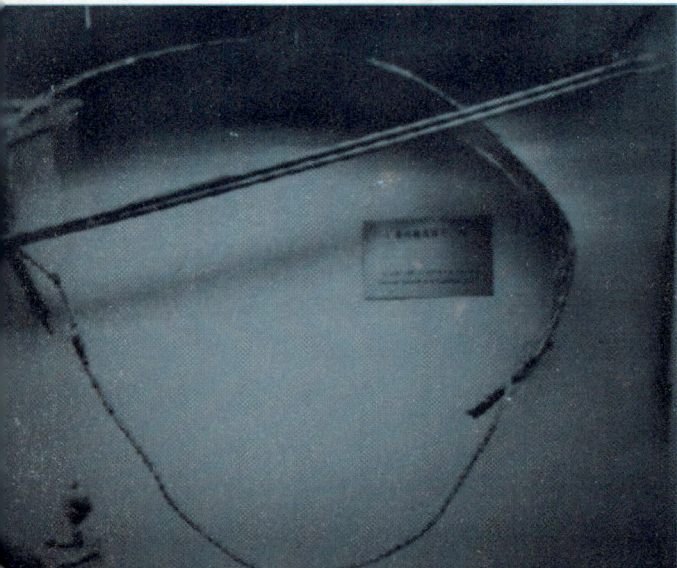

张巡让将士们扎了许多草把，在草上浇油膏，然后扔进木楼里。木楼起火，熊熊烈焰冲天而起，叛军骇然，急忙退却，再也不敢把木楼靠近雍丘的城墙。

就这样对峙了两个月，双方交战了几百次，雍丘仍旧未能攻下。

令狐潮见状，便写信给张巡，让6个降将送给张巡，劝他投降。

张巡的部下因为固守城池已久，分外艰难，不禁有些动摇

了。那6个降将也从旁劝说。张巡沉默不语。

第二天，张巡摆出皇帝的画像，带着将士们朝拜，众人都泪流满面。张巡突然下令，将那6个降将押起来。然后，他历数他们的罪责，当众将他们杀了。

将士们一看张巡誓死为国效忠，都表示要跟他同生共死。

由于多次交战，张巡军中的箭都用完了。张巡让人用稻草扎成草人，一共扎了上千个，还给草人穿上了黑衣服。天黑之后，将士们用绳子拴着草人慢慢放到城下。

令狐潮的弓箭手一看，以为是张巡准备派兵偷袭，来不及看清，纷纷向草人射箭。射了半天，才知道上了当。张巡把草人提上去，一晚就收获了几十万支箭。

没过多久，张巡又在晚上从城墙上放绳子，叛军还以为是草人，根本没有防备。谁知，这次却是真人，是张巡派出的500个敢死队员。他们快速地冲向叛军营地，一通冲杀。叛军乱成一团，摸不清张巡出动了多少兵力，不敢对战，惶恐地逃跑了。

令狐潮不甘心失败，他在与叛军商议后，增派了兵力继续围困张巡。

一天，张巡的部将雷万春登上城墙，准备与令狐潮对话。令狐潮令人暗放冷箭，雷万春的脸上中了6箭，却一动不动。令狐潮怀疑是个木人，便派探子去查。当得知那确实是雷万春后，令狐潮吃惊不小，他对张巡喊话："我见了雷将军，才知你治军威严，但你知道天意吗？"张巡愤然道："你人伦都不懂，还懂什么天意！"

此后，张巡两次出其不意地出城，斩杀、俘获了许多叛军。

5月份的时候，叛军为了补充军粮，在城外收割麦子。张巡看到后，集合军队，敲响战鼓，假装要出战。叛军马上停止收麦，准备迎战。

等叛军集结好了，张巡又让士兵停止敲鼓。叛军以为张巡是虚张声势，便放松了警惕。谁知，张巡却又打开了城门，猛冲过来。叛军猝不及防，损失惨重。

叛军只好又派出一名大将来劝说张巡投降。这位大将带着1000多骑兵，张巡在城头上跟他说话，一边说，一边暗令几十个勇士潜入护城壕，趁叛军放松警惕的时候，突然杀出，斩杀多人。

张巡虽然志坚，但粮草不足，士兵饿死了一大半。没有死的，也都筋疲力尽，伤痕累累。为了饱腹，他们甚至用网捕捉麻雀、挖洞捕捉老鼠。到了最后，他们把衣服和弓都煮了吃。

将士们建议张巡可向东撤退，张巡没有同意，因为一旦放弃了睢阳，叛贼就会向江南进军，江淮一带都会沦陷。

到了10月，叛军再次攻城。士兵没有力气作战，很快被破城，张巡被俘。

▲朴拙的弓箭与盾牌

张巡的部下见他被俘时的样子，都内心伤惨，强撑着虚弱的身体站起来，热泪横流。张巡告诉他们，安心，勿惧，如此死是命。

张巡不肯屈服，拒绝投降，最终被杀，年仅49岁。

张巡身为平民，被推举为将领，官职低微，但他坚守睢阳两年。在这场惊人的防御战中，他先后与叛军交战400多次，歼敌12万多人，遏制了叛军向江淮推进，保证了唐朝大军的漕运系统，为唐军的反攻赢得了时间。

　　若没有张巡出色的防御战术，安史之乱何时胜利还很难说。

　　张巡用兵灵活，主张"云合鸟散，变态百出"，他就像一名出色的导演，与将士们同台演出了火烧叛军、草人取箭、出城取木、诈降借马、鸣鼓扰敌、城壕设伏等一幕幕精彩的活剧。

　　其中蕴含的战术，有城邑防御战、伏击战、夜袭战、反击战、追击战等等。什么战术灵活，他用什么；什么战术合适，他用什么。从来不定，变化多端。军事家评论他："用兵未尝依古法。"

　　张巡的超凡智慧，在古今中外的战争史上是不多见的。

扩展阅读

　　唐朝的军事隐语：枪叫条子；刀叫千金；子弹叫非子；大炮叫黑狗；炸药叫狗粪；侦察叫踩盘子；盯梢叫跟人；望风叫赏景；危险叫风紧；暗杀叫打食；逃跑叫得风；被捕叫失风；死叫碎了；打胜仗叫落胃；打败仗叫让地皮。

◎千年军阵

远古的时候，原始人过着艰难的生活。他们既要捕获野兽，又要防止野兽进攻。为此，他们左思右想，琢磨出一个比较安全的狩猎队伍：最强壮的人走在最前面，中间是老幼和女子，青壮年走在两边，后面是健壮的人。

这种队形，利于攻击，又便于防守，是军队阵法的雏形。

接着，最早也最原始的军阵出现了。

它是"一军阵"，所有的军士们都混杂在一起，组成一个大阵。

这种军阵过于死板，不能灵活多变，很快就遭到了淘汰。取而代之的，是"二军阵"、"三军阵"和"多军阵"。

到了商朝中后期，乃至到了周朝，方阵和雁行阵流行起来了。

方阵，中间兵力少，周围兵力多，利于防守。

雁行阵，看起来形似大雁，军阵向前移动时，呈优美的"V"字形，利于包抄迂回；军阵向后退却时，呈奇特的倒"V"字形，利于保护两翼和后方。

八阵也问世了。

八阵很"阔气"，是一个大方阵，里面有8个小阵，冲着8个方向，分别叫天、地、风、云、鸟、兽、龙、虎。这些形象的名称，是为了便于区分和指挥。

八阵很灵活，阵中的任何一个小方阵受到攻击，都能得到其他小方阵的援助。

▲足智多谋的军事家诸葛亮

兵圣孙武和孙膑都提到过八阵。不过，最使它备受瞩目的，是因为诸葛亮很偏爱它。

三国时，诸葛亮指挥蜀军与曹魏作战。作战地区大都是山地，曹魏有很多骑兵。为了适应山地作战，也为了对付曹魏的骑兵，诸葛亮对八阵进行了改革创新，使八阵成为一种严密的防御性阵型，不易造成大的失败。但是，它也很难取得大的胜利。

一字长蛇阵在军事史上，也很风光。它在隋朝时被使用过。

公元589年，隋朝与陈朝余部在建康交战。陈军在城外布下了一个阵法，这就是一字长蛇阵。

隋军对这种军阵不太了解，感觉很奇怪，便派出了500人攻击军阵。结果大败而归，仓皇退兵。

隋军认真琢磨一字长蛇阵，逐渐有所了解。于是，隋军又组织了更多的兵力攻阵。这一次，他们主要攻击一字长蛇阵的"蛇腹"，也就是攻击军阵中央。陈军猝然而乱，军阵断裂，被隋军打得落花流水。

一字长蛇阵，其实就是一个个小方阵的连接。从"蛇头"到"蛇尾"，蛇的"骨节"是一个又一个小小的方阵，既便于防守，又便于相互配合。

假如攻击它的头部和尾部，它的中央和头、尾部就会从对方侧翼发起攻击；假如攻击它的中央部位，在攻击力不足时，它的头尾就会迅速将对方包围起来，很难突围；但是，假如攻击中心部位的力量很大，它就迷糊了，乱套了。因为这里是它的"大本营"。

除了一字长蛇阵，在明朝时，还出现了另一个风光无限的军阵，它就是鸳鸯阵。

鸳鸯阵的创始人，是戚继光。当时，一些失意的日本武士、浪人、商人，形成了海盗团伙，常侵犯中国沿海，掳掠、骚扰、烧杀。戚继光奉命抗击倭寇，在不断的对阵

中，他发明了鸳鸯阵。

鸳鸯阵以12人为一队；1个队长站最前面；2个人持盾牌站在第二排；2个人持狼筅站在第三排；4个人持长枪站在第四排；2个人持短兵器站在第五排；1个人持火器站在第六排。

这种阵法的要义是：变单兵作战为配合作战；而且，长兵器和短兵器配合，冷兵器和火器配合，颇具战斗力。

鸳鸯阵还分大鸳鸯阵和小鸳鸯阵。大鸳鸯阵是由几个小鸳鸯阵组合而成的。

扩展阅读

宋朝和尚法崧去离间西夏，给一个西夏将军送了枣和乌龟图，谐音是"早归"。西夏皇帝以为这位将军叛变，盼着早日回归宋朝，便将他杀了。宋朝由此少了一个劲敌。

第六章

宋辽金元，军事复杂化

宋辽金元时期，战火不断，干戈四起。频发的战争，使中原地区与边疆少数民族出现军事大交流。大批火器被前所未有地运用于战争，彻底地"葬送"了冷兵器时代；《武经总要》等军事著作的出现，使兵学发展到更高水平；军队建设多样化，对后世有深远影响。

◎从"隆中对"到"雪夜对"

刘备走在凉森森的山间小道上，前去隆中拜访诸葛亮，试图请诸葛亮出山。

在第三次拜访时，刘备对诸葛亮说："汉室江山已面临崩溃，皇上出走，曹操把控朝政。我想为天下人伸张正义，可惜才智浅薄，难成大事。所以特来请教先生，我现在该怎么办？"

诸葛亮被刘备的三顾茅庐深深打动，便推心置腹地说："曹操拥军百万，挟持天子以令诸侯，争不过他；孙权占据江东很久，江东地势险要，民众归顺，又有能人协助，也争不过他；荆州发达，但刘表暗弱，很难守住，可以与他争；益州险要，利于据守，但刘璋不知爱惜，可以与他争。若能争占荆州和益州，对外联合孙权，对内安抚百姓，改革政治，汉室江山就有希望复兴了。"

诸葛亮的一番论述，让刘备欣喜异常。他喜不自禁地对关羽和张飞说："我有了孔明，就像鱼有了水一样。"

诸葛亮和刘备的这些话，就是著名的"隆中对"。

诸葛亮的战略思想是这样的：首先夺取荆州和益州，再以荆州和益州为根据地，待时机成熟，对曹操实施两面夹击，以达到逐鹿中原的目的。

诸葛亮对形势的分析是正确的，他提出的战略决策基本可行。但是，他的战略思想中也有值得商榷的地方——隆中对的主导思想会使蜀军陷入无休止的争战之中。而在战争中，强调百战百胜是寻常，不战而胜才是最高明的。

但隆中对的战略思想，在军事史上仍不失为一个辉煌的军事思想。

到了宋朝的时候，还有一个著名的"雪夜对"。这是宋朝开国皇帝赵匡胤与开国功臣赵普的对话。

一夜，雪花纷飞，万籁俱寂，赵匡胤无眠，径去赵普家，与赵普交流。

赵普疑惑，问道："何以不眠？"

赵匡胤叹气道："难以入睡，睡榻之外，到处都是别人的地盘，所以来同你聊聊。"

◀风雪中，刘备三顾茅庐

赵普问道："天下如此之大，正可大展宏图，不知圣上有何打算？"

赵匡胤说："我欲先收复北汉。"

赵普不作声了。

赵匡胤看出赵普不支持自己的计划，便询问赵普的想法。

赵普说："北汉弱小，但有辽国相助，攻打并不容易，即使侥幸攻下，也非好事。辽国和西北少数民族就会与圣上为敌，使圣上陷入长久的战争中。而南方的国家，既弱小，又富裕，攻取它们很容易，又能增强势力。等势力强盛了，再挥军北上，可一举拿下北汉，收复失土，足以与辽国长期对抗了。"

赵匡胤欣然笑道："我意如此，不过是想试探一下你的想法。"

这就是流传千百年的"雪夜对"。

雪夜对的战略思想是：先消灭南方小国，攫取兵力、财力、物力；再铲除北汉，逐一对抗其他政权。

这个在寒冷的深夜里形成的思想，成为统领赵匡胤后来的军事行动的总体思想。它和隆中对一样，都对历史的发展有着重大影响。

扩展阅读

宋朝军制有4种：禁军是中央直接统领的正规军，为主要武装力量；厢军是地方军，用于建营寨、运输等；乡兵是地方民兵，驻守边防；藩兵是少数族军，驻守边防。

◎一床弩改变一场战争

辽国觊觎宋朝的统治，欲取而代之，因而，经常骚扰宋国边境。边境居民饱受惊扰，伤亡事件时有发生，损失巨大，苦不堪言。

一年，辽国大将萧挞凛围攻檀州，另有其他辽军配合。澶州三面临敌，情况危急。澶州是李继隆，他临危不惧，坚持守城。

萧挞凛是辽国名将，在辽国声望很高。这一天，他站在远远的山坡上指挥部队发起进攻。李继隆立刻率军反击。

一开始，宋军的弓箭手不断地发射弩箭，对辽军造成了一些威胁。萧挞凛将战斗情况看得一清二楚，断然改变战术，命令辽军改为从三面围攻。这样一来，散乱的辽军逐渐占据上风，取得主动权，攻势越来越猛。

李继隆也在观察监视辽军，他看到前往山坡上报信和传达命令的探马来来往往后，便告诉弩军，对准山坡上的统帅发射。

萧达凛很勇敢，但他有些过于自大，他以为自己距离

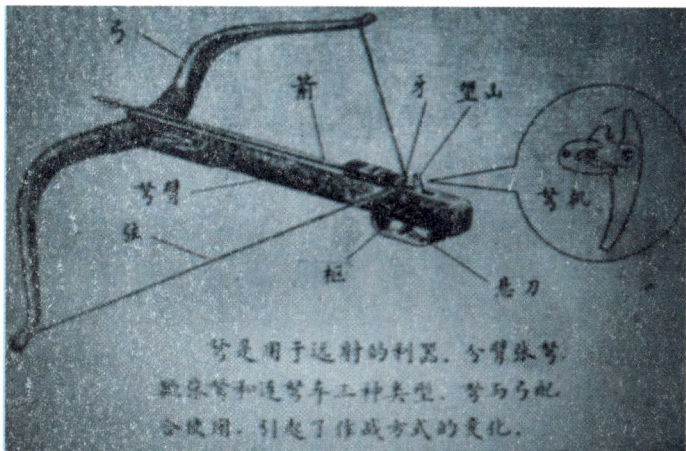

◀弩的设计图

澶州城很远，弓箭的射程达不到那里，而况，他身前还有盾牌兵护卫，所以，他压根不屑于躲避，还高傲地骑着高头大马。

谁知，宋军在得到李继隆的命令下，只向山坡瞄准，一瞬间，弩箭齐发，如雨如电。

▼威力巨大的蹶张弩

第一枝箭就射中了萧达凛的战马，战马猝然倒地，萧达凛被抛落马下。随后，又一枝箭呼啸而来，射入他的肋部。他忍痛而起，把箭折断，狠狠地扔在地上，准备继续指挥战斗。谁知，又一枝箭嗖地飞来，力量极大，竟然穿透了他的头盔，射进了额头，然后，从一侧眼中穿出来。

萧达凛站立不稳，跌倒在地。几乎就在同时，又有三枝箭命中他的身体。

他先后被射了6箭。等他被军士救回营中时，因伤势过重，当天晚上就死了。

战场上，弩有两种，一种是由人力踏张的轻弩，适合一个人使用；另一种是由绳索绞张的床弩。床子弩就属于床弩，它是把一张或几张弓安装在床架上，以绞动后部的轮轴使弓张开，再装上箭，就可以发射了。

拉开床子弩，往往要几十人转动轮轴。因此，它的射程相当惊人，可达1500多米。这是非常了不起的，二战时，最长的步枪的有效射程才450米。

床子弩威力极大，它的箭身长1米多，箭头跟一般的箭不一样，没有锋利的箭刃，只有一个圆形的铁球或是铁铲。

当箭发射出去以后，在空中呈抛物线下降。因箭头很重，从半空落下的速度很快，只要命中目标，几乎无坚不摧。

床子弩的原理，与现代攻击装甲坦克的爆破成型弹很相似。

这就是萧达凛在被床子弩射中后，难以生还的原因。

萧达凛亡后，辽军士气大减，不敢出战。宋军将领李继隆乘机大开城门，发起猛攻。辽军死伤惨重，到处逃窜。

辽国执政萧太后听说后，大为震惊。她为萧达凛的阵亡痛哭不已，5天没有上朝，以此来悼念这位大将。

萧太后考虑到，辽军现已颓丧，且战线拉得过长，补给困难，因此，她决定暂时息战，与宋朝议和。

至此，宋、辽签订了澶渊之盟。从此以后，宋、辽之间有100多年没有发生过大规模战争。

扩展阅读

"猛安谋克"是女真族的军事编制单位：人多叫猛安，其长官叫千夫长；人少叫谋克，其长官叫百夫长；猛安谋克是女真军队的重要基础，是重要的社会组织单位。

◎ 最经典的"诱敌深入"

公元1041年2月，西夏首领李元昊亲率大军，对宋朝边境发起猛攻。

由于宋军将士长年驻守在艰苦寂寞的边境，怀有浓重的思乡之情，致使士气异常低落；加之宋和西夏长期进行拉锯战，使得将士们都感觉烦躁。因此，以韩琦为首的大臣主张速战速决。

韩琦在接到边报后，刻不容缓马上组织人马，准备迎战。他万万没有想到，这正好中了李元昊设下的圈套。

韩琦派大将任福率领1.8万人出击。任福领命后，星驰而去。不久，任福在张家堡与一股西夏军遭遇，两军一见，立马交战。

没过多长时间，西夏兵露出败势，把辎重武器丢得到处都是，四散奔逃。任福以为西夏军不堪一击，没有三思，立刻率领几千精兵追击。他一点儿也没有觉察到，他正在急速地进入李元昊设下的诱敌深入之计，此一去，将凶多吉少。

所谓诱敌深入，就是指在面对强大敌人的进攻时，有意识地放弃一些地方或利益，以引诱对方进入事先设有埋伏的地方，然后利用有利地形，集中优势兵力，给予沉重打击。

这种作战方法，适合对方在长途追赶、奔波劳累、兵力又分散开的情况下实施。因为对方在遇伏后，会陷于孤立无援的绝境，前不能进，后不能退。

也就是说，诱敌深入这一战术，最适用于弱军对强军作战。而宋军自恃人多，无所顾忌地穷追猛打，恰好让兵少的西夏得以实施这一战术。

任福毫无防范，拼命地追了三天三夜，一直追到一个叫好水川的地方。这时，他猛然注意到有些诡异，山野中草木幽深，异常地静，刚才还在前面摇晃的西夏军踪迹皆无。

任福疑惑不已，正在思虑，一个军士报告，路边有几个银盒子。任福就过去看。那位军士走近细听，轻拍盒子，隐约听到里面有咕咕的叫声。是什么呢？军士把盒子打开。刹那间，100多只鸽子噗噗地飞了出来，腾空往山谷顶上飞去，哨音嗡嗡作响。

哨鸽刚一响过，只听四面山上密林中顿时人声鼎沸，杀声震天。原来，那些飞起的鸽子正是李元昊留下的"信使"，它们是宋军进入埋伏圈的信号。

西夏大军如猛虎般从四面冲下来，形成一个口袋阵，将宋军牢牢地套在其中。

宋军奋力抵抗，拼命突围，从早晨一直力战到中午，仍无法脱身。

将士们都是长途跋涉而来，又累又困，又饿又渴，疲惫不堪，又不熟悉地形，最后只有1000多人浑身是血地侥

◀西夏首领印

▶纵马如飞的彪悍骑兵

幸突围出去，另外的一万多将士全部悲惨阵亡。很多人都是因为处于陌生恶劣的地势，被逼迫到悬崖边坠落而死。尸体密密麻麻，惨不忍睹。

任福的身上、脸上都中了好几箭。他拒不投降，在用尽最后一丝力气后，他以刀抹颈，以身殉国。

好水川之战异常惨烈，消息传到韩琦耳中，韩琦震惊悲痛，亲自去接幸存的将士。走到半路，看到阵亡者的亲眷哭泣而来，哀声遍地，撕心裂肺，极其凄凉。韩琦心如刀绞，下马站在路上，默默流泪，许久不得前行。

皇帝闻之，悲叹不已，难以进食。

这场大战就此凝固在军事史上，成为一个凄惨的典型案例，为后世所借鉴。

扩展阅读

西北多骏马，但唐末五代失去了对西北的统治；而辽、夏、金又严禁马和羊进入宋朝，因此，宋朝军队严重缺马，无法建立强大的骑兵，导致宋朝总是打败仗。

◎第一份正规的军事密码

一日，大臣曾公亮上朝，接到了一个命令，要他与大臣丁度主编一部军事著作，便于军队习用。

曾公亮曾多次拼杀沙场，对抗西夏军队。在作战中，他了解到，军事通信一旦被对方截获，就将陷于被动。因此，他在编写这本叫作《武经总要》的书籍时，特意留意了如何传递情报这一方面。

他发明出一套严谨的军事通信密码，这是迄今发现的最早的正规军用密码表。

他把军事上经常用到的战况，用40个短语归纳、表示，每个短语都编上固定的数字代码。

1.请弓；2.请箭；3.请刀；4.请甲；5.请枪旗；6.请锅幕；7.请马；8.请衣赐；9.请粮料；10.请草料；11.请车牛；12.请船；13.请攻城守县；14.请添兵；15.请移营；16.请进军；17.请退军；18.请固定；19.未见军；20.见贼讫；21.贼多；22.贼少；23.贼相敌；24.贼添兵；25.贼移营；26.贼进军；27.贼退军；28.贼固守；29.围得贼城；30.解围城；31.被贼围；32.贼围解；33.战不胜；34.战大胜；35.战大捷；36.将士投降；37.将士叛；38.士卒病；39.部将病；40.战小胜。

这个军事密码发明后，立刻得到了应用。

指挥战争的人坐镇指挥中心，他们在派出将领前，会把打乱顺序的代码交给将领，并事前约定好，把一首五言诗作为解码钥匙。五言诗正好40个字，每个字所在的位置也恰好对应一条短语。

当将领来到前线，遇到需要请示的状况时，就要写一封普通的书信，在书信中有意识地写进那首五言诗中的某一个字，并在这个字上加盖印章，表示这是个解密的关键字。然后，差信使送到指挥中心。

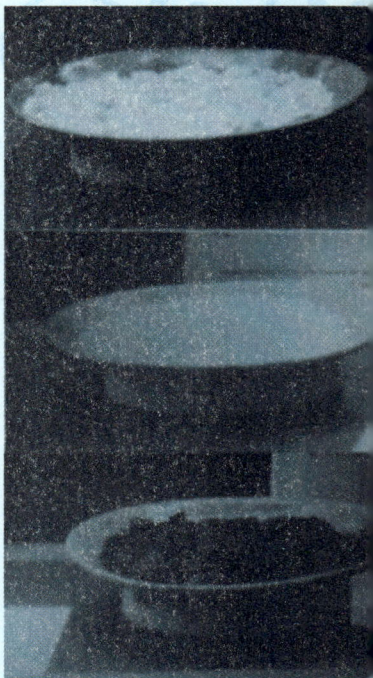

▲制作火药的化学原料，硫磺、硝石、木炭标本

公文送达后，指挥人员看到盖着印章的字，就会在事前约定好的那首五言诗中去查找，由此就知道前方要请示或报告什么事情了。

如果他们约定的五言诗是《渡荆门送别》：

渡远荆门外，来从楚国游。　山随平野尽，江入大荒流。

月下飞天镜，云生结海楼。　仍怜故乡水，万里送行舟。

那么，前线将领若是粮食不足，需要后方支援，就要在写信前先查密码本，查到"请粮料"是编号9的短语，再看五言诗的第9个字，是"国"字。这样，在写信时就要加上"国"字，并在"国"字上盖印章。指挥中心收到信件后，一查密码本，便知道前方是要请求粮食供应。

如果指挥中心同意了请示，就写一封回信，信中也加"国"字，再加盖印章。反之，如果不同意，就只盖上一个印章，什么也不写。

用诗做解密钥匙，还有一个要求，即这首诗里不能有重复的字。不过，古代五言诗多如繁星，想要找出没有重复字的诗轻而易举。

曾公亮发明的军事密码，在传递军情方面，保密性是很强的。即使信件被截获，敌人也看不懂，就是送信人也不知道是怎么一回事。

不过，这种方法也有一定的局限性。比如说"请粮料"，究竟需要多少粮食呢？这个问题密码就比较难解决了。

但无论如何，这套密码的发明，依旧是军事史上不可忽略的贡献。

扩展阅读

女真人崛起于东北的深山老林，极度寒冷的气候以及常年与野兽搏斗的险恶经历，造就了他们强悍勇猛、能斗善骑的性格。他们行走在峭壁悬崖上，甚至疾速如飞。

◎ 小蜡丸里的军事史

公元1137年，南宋与金国的战争正打得如火如荼，岳飞率领将士们奋勇杀敌，暂时缓解了局势。

一天，南宋军士抓住了一个金国间谍，连忙去报告岳飞。

岳飞灵机一动，突然想出一个妙计。他打算利用这个间谍，上演一场反间计，将金国和伪齐的关系彻底僵化。

何为伪齐呢？

原来，自从金国占据了淮水以北后，想"以汉制汉"，便在那里建立了一个傀儡国家，任命南宋投降派刘豫为皇帝，国号"大齐"。南宋称它为"伪齐"。

岳飞让人把间谍带来，等到间谍一进屋，岳飞特意对他仔细一看，做出吃了一惊的模样，说道："你不是张斌吗？"

间谍丈二和尚摸不着头脑，不知道岳飞在说什么，两眼茫然。

还没等他搭话，岳飞就厉声训斥道："张斌，我派你持密信去伪齐，与伪齐结盟，一起攻击金兵，你却开小差溜走了。好在我另派他人去联络，刘豫答应入冬后以侵扰江防为借口，引诱金兵至清河。你身为信使，却玩忽职守，即使死罪可免，活罪也难饶。"

金国间谍听着听着，终于明白了，原来岳飞认错了人，以为他是宋军信使张斌。他立刻顺水推舟，跪地求饶。

旁边的宋军将领假意帮着他说好话。岳飞怒气稍消，准许他仍旧留在军中。

岳飞提起笔，给刘豫写信，大意是：去年与齐军大战，双方的戏演得都很逼真，相信金国对大齐王朝没有产生怀疑；今冬我们的江上密约一定也会成功，相信金国一定会

被打败。这次去信，主要是请大齐确定发兵时间，宋军好做响应。

信写好后，岳飞把它交给金国间谍，让他即刻前往伪齐，送信给刘豫，千万不能再有闪失。

金国间谍连声答应，绝不误事。

岳飞让军士把书信用蜡封好。

蜡信最早出现在春秋战国，当时的信笺主要是丝织品，古人把丝织信笺封在蜡丸里，以保证不被损坏和泄露。到魏晋后，基本都用纸写信，蜡丸书就更多了。五代十国时，战火纷飞，蜡丸几乎到了满天飞的地步。后晋的皇帝甚至下令，若是有人带进蜡丸书，此人就要受到严惩。蜡丸书方便携带，可藏在衣服的褶皱中，可藏在鞋底中，还可藏在水壶器物里，甚至可以藏在转动的车轴里。

岳飞曾多次使用蜡丸书，为了不泄露情报，他曾让人把蜡丸藏在瓜内，假扮成卖菜的农夫。但是，这一次，他却打算把蜡丸藏在间谍的体内。

岳飞命人划开间谍的腿肚子，把蜡丸塞进去，然后敷以药物，让他上路了。

金国间谍急忙离开军营，走不多远，忽然，一个士兵骑马追过来。他吓了一跳，以为出了什么意外，却见那人悄悄告诉他，岳节度使让他千万要小心，不能泄露了机密。他急忙保证，士兵方才回去了。

他继续往前走。然而，让他心惊的是，又一个士兵飞马赶来。他紧张地站在路边，原来对方还是叮嘱他要小心谨慎。他便再次保证，绝对完成任务。

等他走了很远之后，他又一次被宋兵拦截。这个士兵追得气喘吁吁、大汗淋漓，告诉他，岳节度使说了，若泄露机密，就是死罪。

接连3次的嘱咐，让这位金国间谍意识到，书信果真十万火急，非常重要，否则岳飞不会如此重视。于是，他

▲罪孽深重的南宋罪臣秦桧塑像

▲《中兴四将图》，左二为岳飞，遇害时年仅39岁

以最快的速度向金国的军营奔去，将情报送到了金国权臣完颜宗弼的手里。

完颜宗弼命人划开间谍的腿肚子，取出蜡丸。剥开来，一看到内容，他惊讶不已。他本来就觉得刘豫对金国贡献不多，是个累赘，现在看到这封信，更加坚定了废除刘豫的决心。

时隔不久，完颜宗弼派人前往伪齐，召请刘豫到山东武城商量攻打宋军的事。刘豫毫无防备，不知已经被岳飞离间，只带着200名骑兵赶到武城，结果，刚一进入城中，就被金兵捉拿、砍杀了。

岳飞只凭借一封蜡丸信，就使伪齐灭亡了。

扩展阅读

忽必烈攻打南宋的襄阳和樊城，所率战船多达1.3万余艘、水军约15万人次。襄阳守军寥寥，但却坚守了6年时间，最后在粮草断绝、孤立无援的情况下被迫投降。

◎ 世界守城战争的奇迹

公元1258年，蒙古军兵分四路进攻宋朝。12月，大雪纷飞，蒙军统帅蒙哥可汗亲率主力4万攻入合州，并打算占领重庆，直取京都临安。

宋军主将是王坚，他率领10万多军民坚守合州境内的钓鱼城。钓鱼城地势险要，三面环山，十分陡峭。王坚又带领军民日夜修建石城，想凭借地势抵御蒙军。石城长12~13里，高2~3丈，蜿蜒高耸。王坚看了，更加坚定了守城的信心。

他想，若守住钓鱼城，就能控制三江，保护重庆，保护京都，因此，他必须舍命坚守。

2月，依旧天寒地冻，冷风肆虐。蒙哥对钓鱼城发起了猛攻。王坚誓死抵抗。

经过几日的苦战，位于南北山脚下的一字城，到底被蒙军攻破。蒙军没有喘息，继续进攻东新门、奇胜门、镇西门等。

王坚不眠不休，在最前沿奋战。守城军民团结一心，拼命追随，致使骁勇的蒙军竟然不能再前进一步。

就这样，王坚竟然一直坚守到了4月。

春天来了，春雨绵绵，一连下了20多天。天地间一片昏暗，可见度极低，地面上水流成河，到处都是泥泞。蒙军担心失利，暂时没有发起大规模攻击。

有一天夜里，雨骤然而停。蒙哥立刻率兵发起突袭。王坚急忙还击，因事出仓促，宋军损伤较多，但最终还是打退了蒙哥的进攻。

5月，天气转暖，忽而异常闷热。蒙军士兵长期征战在外，食物、水源、卫生等条件很恶劣，因此，很多人染上了疾病，战斗力顿时减弱。

▼雄武优美的弯弓射雕图

　　王坚注意到了这个情况。他看准时机，多次率军出城，夜袭蒙军。

　　由于王坚的出击类似于游击战，来去迅速、无踪，没有规律，因此，蒙军时刻提防着，连觉都睡不好了。这一下子，士兵都萎靡不振起来，士气也低落了。

　　就这样过了一年，到了公元1259年1月，蒙军依旧望城兴叹，久攻不下。

　　蒙哥内心焦躁，他派投降蒙军的宋人晋国宝去见王坚，劝他投降。晋国宝一到钓鱼城，王坚就把他绑了起来，押到练兵场，当着军民的面把他杀了。

▲栩栩如生的契丹饮马图

　　蒙哥大惊，也很沮丧，但毫无办法。

　　7月，蒙哥为了探察钓鱼城中的军情，命人在钓鱼城东门的高地上建造楼台。他并不知道，王坚早就注意到了他的动向，他正处于王坚的严密监视中。结果，等楼台建好后，他刚登上楼台朝钓鱼城里眺望，突然从城中飞出炮弹，精准地击中了楼台。

　　蒙哥被炸成了重伤，几个蒙军士兵慌乱地把他抬下楼台。

　　王坚大喜，军民更加振奋。

　　第二天，王坚让人准备两条30多斤重的鱼，揉成面饼，然后，丢到城下蒙军的军营中。随着鱼饼扔进去的，还有一封书信。信中说：任你再攻10年，也攻不下钓鱼城。

　　蒙哥看过后，气得脸色发青。他本来就身受重伤，经此一气，病情恶化。没过多久，这位声名显赫的可汗便含恨而死了。

蒙哥一死，蒙军随即撤兵，合州之围得解。

王坚率领军民齐心协力，坚守孤城，创造了世界战争史上的一大奇迹，也是世界守城史上的奇迹。

钓鱼城之战自此成为战争史上的一个不朽丰碑，它被称为"上帝的折鞭处"，阻止了蒙军扩展的铁蹄。

王坚也成为合州人心中的英雄。公元1264年，王坚因为遭到奸臣的排斥，郁愤而终，合州军民悲痛欲绝，为他修建了一座庙宇，用以祭祀。

扩展阅读

来自北方山野的契丹人把肉切成小块，称为"脔"，辅以蒜、醋生吃。他们还喜欢吃炒面、炒米等。这些食物简单、易携带、保存长久，是他们行军作战的军粮。

第七章

明清军事，辉煌与衰落

明朝是历史上最推崇火器的朝代，研制了大量火器，还主动吸收了国外的先进技术。明朝军事科学水平很高，军事技术方面成果累累。比如，创造出了当时世界上最先进的大炮；创造了"水雷战"，在击沉日本战船中，首次使用了触发式地雷。清朝后，军事发展迟滞了。

◎绑架皇帝的绝招

蒙古的瓦剌部强盛起来后，瓦剌首领也先经常以向朝廷进贡为名，骗取赏赐——他呈给明朝的贡品很少，得到的赏赐却很丰厚。

有一年，也先得寸进尺，派出的使者不断增加，而且，竟然以2000多人诈称3000多人，目的是为了多领赏赐。

大太监王振非常愤怒，他一气之下，减少了对也先的赏赐。也先恼羞成怒，于1449年7月对明朝发动战争。

王振建功心切，劝明英宗朱祁镇御驾亲征。

7月16日，明英宗和王振率领匆忙凑齐的50万大军，奔往山西大同。

7月19日，兵部尚书邝埜等人预计此行凶险，一遍遍地请求班师回京。王振百般阻挠，还是怂恿皇帝前行。

7月23日，大军来到前沿阵地宣府。

▼明成祖朱棣画像，他创造了最早的火器部队

7月24日，瓦剌首领也先的侦察兵探知，明军浩浩荡荡地像蚂蚁一样行军，头尾难顾。也先听了，非常高兴，他假装害怕的样子，主动撤离后退，埋伏到草深林密的险隘之处，准备另寻战机，大规模杀伤明军。

明英宗和王振毫不知情，仍然率领大军冒进，在8月初，到达大同。由于瓦剌军都藏了起来，他们没有看到瓦剌军的身影，便急欲北进，炫耀兵威。

就在这时，镇守大同的太监郭敬来见王振。郭敬告诉王振，大同以北的各地明军都与瓦剌交过战，也都惨遭失败，瓦剌军势不可挡，现在不见他们的踪影，说明他们正在蓄谋，千万不要再前进，若及时返回，还能

保住颜面。

　　郭敬是王振的心腹，王振得知这个消息后，悚然一惊。这才决定班师回京。

　　也先得知了王振不再深入的情报后，埋伏已经失去了作用。但他马上又有了主意。他得知，王振带兵十分混乱，总是随便改变行军路线，造成明军又饥又渴，疲惫至极，情绪低落，于是，便带领骑兵紧紧跟踪明军。

　　14日下午，明军主力后退到了土木堡。这里水源缺乏，四面都是高山峻岭，道路坎坷崎岖，军队行动极其缓慢，王振的大量辎重车还没有赶到。王振决定在土木堡扎营等候。兵部尚书邝埜劝说，后面可能有追兵，土木堡很危险，不能扎营。但王振不相信，他一意孤行，坚持就地扎营。

　　就在当天晚上，快速跟来的瓦剌军迅速占领了土木堡西北和西南，将明军包围起来。他们占领了水源充足的地方，使得明军的饮水无法保证。

　　8月15日，也先派瓦剌臣子去明军营中假装议和。明军断水两日，兵马饥渴难熬。明英宗和王振巴不得议和，便派使者前往也先营中商议，明军士兵都去找水源。

　　明军高兴得不得了，丢掉兵器，人潮拥挤，马匹纷乱，队伍乱七八糟。他们直奔10多公里外的一条小河，争先恐后地在杂草丛生的荒野上行走。

　　这时候，突然四面响起震耳欲聋的喊杀声，只见瓦剌兵瞬间像从地里冒出来一样，手持武器向不知所措的明军冲杀过来。明军几乎没有一人还击，只顾逃命。

　　瓦剌兵欺骗明军，大声高喊放下兵器就不杀，明军纷纷丢掉武器，脱去铠甲。谁知，这些手无寸铁，又无防护的士兵很快便成了瓦剌的刀下鬼。

　　一番厮杀下来，明军惨败。兵部尚书邝埜等人英勇战死，明英宗被俘虏。

▶被俘虏的皇帝朱祁镇

　　也先之所以能够俘虏皇帝，水起到了相当重要的作用。水是他施展计谋的一个绝招，他利用明军缺水的状况，进行了假谈判，才得以使伏军发挥作用。

　　在战争中，水自古就是一个重要因素。

　　水可以用来攻击敌人，也可以用于防御。在古代战场上，水和粮草一样，是军队取得胜利的必要保障之一。

　　有时候，失去水源，就等于失去了军队的主动权；控制住水源，就等于取得了一半的胜利。

扩展阅读

　　明成祖朱棣曾先后5次出征塞外，阻止了蒙古军对边境的进犯。但都不是给予其毁灭性打击。而且，皇帝每次御驾亲征，都消耗了巨大的人力、物力，付出的代价是惊人的。

◎神机营：明朝的枪炮部队

　　蒙古瓦剌部首领也先在土木堡战役中大败明军，之后，浩浩荡荡率军进攻北京。

　　也先的进犯，使朝野上下人心惶惶。当时京师最有战斗力的部队、精锐的骑兵都已在土木堡失陷，剩下疲惫的士卒不到10万，人心震惊惶恐，朝廷上下都没有坚定的信心。兵部尚书于谦赶紧调南北两京、河南的备操军，山东和南京沿海的备倭军，江北和北京所属各府的运粮军，马上开赴京师，好不容易凑齐了22万兵士。于谦把他们分别布置在九门外。他亲率部队守在德胜门，德胜门是也先大军正面攻击北京的必经之路。

　　面对强敌，于谦断然下令：将领不顾部队自己先后退的，斩将领；军士不顾将领先后退的，后队斩前队。在这样严厉的军令面前，将士们都抱着拼死抵抗的决心。

　　面对军纪严明、阵势俨然的明军，也先不敢轻举妄动，便派人去请于谦谈判，于谦一口回绝。

　　于谦命令大将石亨在德胜门找了一排空屋子，秘密安排神机营队员带着火器埋伏在屋子里。

　　神机营是什么营？

　　明朝禁卫军有三大营，分别是五军营、三千营和神机营。神机营是明朝军队中专门掌管火器的特种部队。这个部队，对外可征战，对内可保护京师，这是由

▲明朝铜火铳

中央直接指挥的机动部队。神机营共有5000人，其中，步兵有3600人，全部配备火铳；炮兵有400人，配备野战重炮160门、大连珠炮200杆，还有炮兵防身用手铳400杆。

另外还有骑兵1000人。

这是中国乃至世界上最早的独立枪炮部队，比西班牙的火枪兵还要早100年。

安置好神机营之后，为了引诱敌军前来，于谦叫一些骑兵在德胜门外闲逛。这些骑兵都故作悠闲散漫，稀稀拉拉、三三两两地东游西逛。也先看到这个情况后，认为正是攻击的最好时机。于是，急忙派遣一万骑兵，迅速攻向德胜门。

当瓦剌骑兵逼近德胜门时，只听枪炮齐鸣，硝烟四起，密集的枪弹和炮弹从空屋子中喷射而出。

神机营采用三段式的射击方法，即：把士兵分为3排，首先射击的是第一排处于队列1、3、5、7、9、11等位置的士兵；紧接着是处于队列2、4、6、8、10、12等位置的士兵射击。

第一排的士兵在每一次射击之后，马上把空枪递给中间一排的士兵，并从中间一排的士兵手中接过装好弹药的神机铳。中间一排的士兵从第三排士兵手中接过已经装好弹药的神机铳，快速递给第一排士兵，同时，将从前排士兵的手中接过的空枪递给第三排士兵。第三排士兵主要任务是装弹药。

▼被冤杀的英雄于谦像

这样一来，就保证了可以对敌人连续不断地射击，使敌人没有丝毫喘息的机会。发明这种方法的是明朝初年的名将沐英。此法领先世界200多年。

瓦剌兵哪里会料到，空屋里会暗藏机关。刹那间，瓦剌兵被炸得人仰马翻，鬼哭狼嚎。不一会儿，便死伤惨重，只得狼狈逃跑。

瓦剌兵并没有放弃攻击，他们回头又直冲西直门。谁知，在西直门还没完全刹

住脚，就劈头盖脸、没头没脑地遭到了明军的猛击。

被打得晕头转向的瓦剌兵赶到土城。那里的居民爬到屋顶上，将砖头、石块扔向瓦剌兵阵营。瓦剌兵没占到一点儿便宜。后来，明朝的大军赶到土城，瓦剌兵仓皇退去了。

双方接连战斗多次，每次都是以瓦剌兵的失败结束。也先待了5天，没捞到一点儿好处，他担心明朝的援军赶到，不敢恋战，只好灰溜溜撤兵回了大漠。就是在他撤兵途中，也被于谦一路追打到紫荆关。

扩展阅读

明朝发明的"毒火龙炮"，是世界上最早的爆炸弹，用铁制成，里面装有火药，射程300多米。炸弹落地后爆炸，威力巨大，单是炮弹的碎片就能造成巨大的伤亡。

◎戚家军与"鸳鸯阵"

明朝最大的边患之一是日本倭寇。倭寇常常进犯沿海地区，烧杀抢掠，无恶不作。明朝军队多次抗倭，因各种腐败滋生，导致屡屡失败。

有一次，一伙只有40多人的倭寇队伍竟然大摇大摆地公然抢劫。他们从浙东、安徽，一直抢到江苏，极其猖狂。当他们流窜到南京时，拥有12万大军的南京守军居然不敢出战。在经过动员后，守军总算开战，但在不是正规军的倭寇面前，竟然有3000多名正规军或死或伤。

明朝实行"卫所"世兵制。就是每个"军户"出一个人来服兵役，世世代代都是这样。因为逃亡和换籍的士兵很多，卫所出现很多空头名额。从明朝军队文册上看，有280万人，实际上能参战的士兵寥寥无几。这跟军纪严明的倭寇相比，实在是大相径庭。

戚继光任浙江参将后，他改变了局面。为了打击倭寇，他决心改革军制。他多次提出不用卫所的兵，遗憾的是，这个提议没被批准。

有一次，戚继光在义乌煤矿一带，偶然看到矿工们在打群架，足足有几万人，声势浩大，震撼人心。戚继光不禁脱口惊呼道：若有如此一旅，可抵三军！

戚继光于是又一次提出建议，要招募农民和矿工代替卫所兵。这一次，他终于获得了许可。

戚继光马不停蹄赶到义乌，准备考核选拔人才。

他的选拔标准非常严格，甚至到了苛刻的地步。他首先否定了以下几类人：1.无所事事混日子的人；2.超过40岁的人；3.在官府服过役的人；4.爱夸夸其谈的人；5.胆小的人；6.皮肤白嫩的人；7.性格偏激的人。

几轮筛选之后，最后录取了4000人，这些人都是健壮

结实、身材高大、视力良好的人。他们都是踏踏实实、听从指挥的人。戚继光给他们配备长枪、叉、刀等精良武器，并进行严格训练。

这支部队，便是著名的戚家军。不但兵士强壮，武艺高强，而且军纪严明。戚家军要求将士在战场上必须勇往直前，谁后退就会被斩首，全队都退却则队长就要被斩首。如果队长战死后而全队后退，那么全队都要被斩首。

戚继光还创立了一种先进的联合兵种。即车兵主要抵挡敌军的冲击，步兵以车为掩护发起攻击，骑兵主要负责包抄突袭。

公元1562年8月，任浙江都指挥使的戚继光，率领戚家军在横屿岛（今福建境内）展开了一场歼灭倭寇的渡海登陆作战。

福建境内有一个海中小岛，叫横屿岛。倭寇占据这里多年。横屿岛东、南、北三面距离陆地10来里，中间是一片浅滩。涨潮的时候，这里四面汪洋，退潮的时候便全是淤泥。舰船无法攻进去，因为容易搁浅。陆军又难以徒步过去。倭寇在岛上修建了工事和营寨，经常出来抢劫财物，掳掠老百姓。

戚继光战倭寇的特点是：速战速决。由于海岸线绵长，倭寇随时随地都可能登陆，登陆后，他们会迅速占据险要地势，而在向前推进时又采取小股分散的形式，所以，戚继光总是神速地指挥行军，神速地指挥战斗，神出鬼没地行动，以争取主动。史书上写，戚继光"临事则飙发电举"，形容他能够飞快地赶到几十甚至几百里以外的地方。

这次，戚继光依旧采取这种战术。

▼轻巧锋利的戚家军军刀

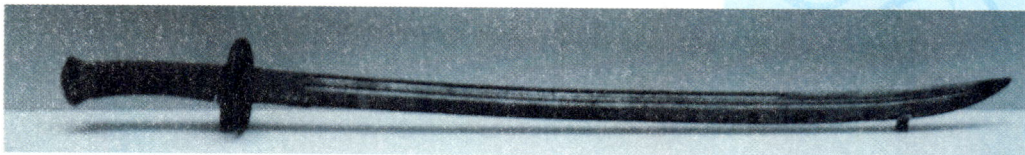

8月8日，海水刚刚退潮，戚继光命令队伍，从张湾出发，打算涉过浅滩对横屿岛发起攻击。

早上8点左右，戚继光的队伍开始渡海了。到了岸滩处，士兵每人背一捆草，匍匐前进。他们一边往前行进，一边用草铺在泥滩中，以便后面军队行走。整个过程快速集中，令倭寇大吃一惊。

倭寇见戚家军来攻，紧急做应战准备。戚家军兵分三路，一部分兵力从正面冲锋，另一部分从右边出击，攻打倭寇的老巢。还有一部分兵力从左边偷偷绕到敌人侧后方。三路军对倭寇形成了一个包围圈。

战斗开始了，英勇善战的戚家军如猛虎下山，采取了"鸳鸯阵"，对倭寇发起了势不可挡的攻势。

鸳鸯阵是古代的一种阵法，属于一种疏散的队形，是戚继光专门发明的应用于沿海多丘陵、多沟壑、多河渠、多窄道的战法。形似结伴的鸳鸯。

鸳鸯阵每12人组成一队，走在前面的是队长，队长后面有两个人，分别执长牌、执藤牌，负责掩护后队前进，并与倭寇近战。这两人后面还有两个人，他们手持3米长的毛竹狼筅，负责刺杀。第四对士兵手持长枪，呼应前二人。第五对士兵手持"镗钯"，负责警戒、支援。最后一人是个伙夫。

▲抗倭名将戚继光像

鸳鸯阵对兵器效能的发挥，是充分的，矛与盾互相配合，长与短紧密搭配，灵活有杀伤力。

作战时，这个阵法可以从纵队变成横队，还可以把一个阵变成两个小阵，一左一右；或者变成3个小阵，左、中、右。

古代阵法从来都数不胜数，但鸳鸯阵是古阵法中的一个里程碑。

倭寇很快便被打得落花流水，纷纷逃散。许多倭贼在走投无路的情况下，跳到了海里，结果淹死了600多人。戚家军最终杀死340个倭贼，救出了800多男女，这些人都是被倭贼掳掠来的当地土著。

这是一场精彩的速战速决战术。戚继光利用优势兵力，以闪电式的战斗方式消灭了敌人。

这也是一场精彩的水陆配合的战役，是保卫海疆的著名战事，是海防建设的一个宝贵战例。

后来，戚继光受到排挤，被调到广东任镇守。但戚家军的威名依旧长存，成为明朝的主力部队，创造了惊人的战绩，共计消灭了敌军15万多。也就是说，戚家军以平均每22人的伤亡，换取了斩杀1000人的战果。这个比例，在古代是非常骇人的。

扩展阅读

卫所制是明朝的新兵制。每个卫有5000人，设5个千户所，每千户有1120人；千户所下面是10个百户所；还有一个小旗，有10个人。入军籍的军户，后代都要服兵役。

◎明朝的抗日援朝战争

在朝鲜半岛，有200多年都没有发生战争了。朝鲜安享太平，防备松弛，作战技术生疏。然而，就在这时日本倭寇突如其来地入侵了朝鲜。

朝鲜不堪一击，60多天就丢掉汉城、开城和平壤。朝鲜国王外逃，在义州避难，并派使者跨过鸭绿江向明朝政府求救。

万历皇帝当机立断，命兵部抗日援朝。

兵部派出5000名骑兵上阵，由2000人打头阵。但是，出征不利。地形复杂陌生、梅雨淋漓不断，云雾浓厚，遮天盖地，看不清道路，潮湿的气息把人团团裹住。明军又有些轻敌，双方相遇后，刚刚交战，就处于下风。明军全部阵亡，无一生还，到处都散落着盔甲。

▲《抗倭图》局部，涉水而来的倭寇

随后赶去的3000名骑兵，也在鸭绿江受挫。由于连日雨水绵绵，鸭绿江水位上涨，水势汹涌，许多将士都葬身江中，最后只剩下副总兵一人。

万历皇帝得知噩耗，异常震惊，立刻从西夏战场上把大将李如松调回来，任命他为提督，赶往朝鲜对抗倭寇。

李如松身不卸甲，赶往平壤。这时，日军的小西行长请求和谈，李如松断定有诈，要杀之。他的一个谋士提醒他，杀了作用不大，不如将计就计，借着和谈的机会深入日军腹心，奇兵偷袭。

李如松采纳了意见，派人告知小西行长，愿意和谈。于是，双方商定了会见日期。

公元1593年，寒风凛冽的正月，李如松届时来到谈判地点肃宁馆，佯装向小西行长进献贡品。小西行长派出20个和谈代表来迎接李如松，李如松突然一改轻松的气氛，下令抓人，和谈代表慌忙奔逃，被捉住的有3个人。

逃回去的人把情况告诉给小西行长，小西行长很意外，也很惊讶，说道："或许是翻译没说清楚情况，让李提督产生了误解。"和谈代表们听了，恍恍惚惚觉得也有这种可能，他们也没弄清李如松的意图。

小西行长又派人前去跟李如松解释。李如松一反常态，对来使热情款待，并欣然放回先前抓获的日本人。

正月初六，李如松率兵来到平壤，与日军举行了谈判。小西行长很得意。谈判进行到第三天时，意外却发生了。

深夜，李如松突然率领几百名骑兵来到城下，对日军发起了猛攻。日军反应较快，用大炮还击。战事打得很激烈。李如松一马当先，带领将士们奋勇攻击，他的战马被打中了，他跌落到马下，但立刻一跃而起，另换了一匹战马，继续战斗。谁知，一颗炮弹忽地又在他的身边落下，巨大的冲击把他抛到了深沟里。将士们大惊失色，却见他昂然地又站了起来，抖抖满身的尘土，高举军刀继续向前冲锋。明军士气大振，进行了殊死搏斗。

日军抵挡不住，趁着浓重的夜色，向大同江的方向逃窜。江水已经结冰，日军慌乱地跑到冰上。结果，李如松在冰山后面埋伏了另一拨明军，明军发射火炮，日军人马死伤无数，坠落入刺骨的冰河。

这一仗，明军损伤了700多人，而日军却被消灭一万多人。

24日，李如松与日军又在王京西北的碧蹄馆遭遇，再次展开激战。双方损失都很惨重，明军伤亡2000多人，日

军伤亡8000多人。日军被迫撤退，李如松驻扎在开城养精蓄锐。

不久，抗日援朝战争胜利结束。

明军在作战时占有优势，与下面三个主要因素有关。

第一，明军拥有威力强大的火炮，日军此前从未见过火炮，不知道如何躲避炮弹，非常恐惧。他们一批一批地向火炮的方向前进，死去一批后，另一批再跟上去，造成重大伤亡。

第二，日军只有火枪，射程近，威力小。

第三，日本没有骑兵队伍，又缺少铁资源，无法打制足够的大刀，就连士兵的盔甲，都是用竹子制的，只有寥寥的武士才有机会穿戴铁盔甲。而明军全都是铁盔铁甲。在这种情况下，明军只需一刀就可让一个倭寇毙命，而倭寇则要花费很大力气才能把一个明朝士兵杀死。

公元1597年，在炎热的夏天，没有死心的日军再次进犯朝鲜半岛。明朝水军和朝鲜海军组成联合舰队，切断了日军的退路，把日军逼到朝鲜半岛的南端岛上。

日本倭寇此时已经进行了7年的海外战争，战线足有1000多里长。倭寇们都疲惫至极，想念家乡，加上给养不足，总是战败，他们的情绪极为低落。1598年8月18日

▶《抗倭图》局部，明朝大军行进在朝鲜半岛

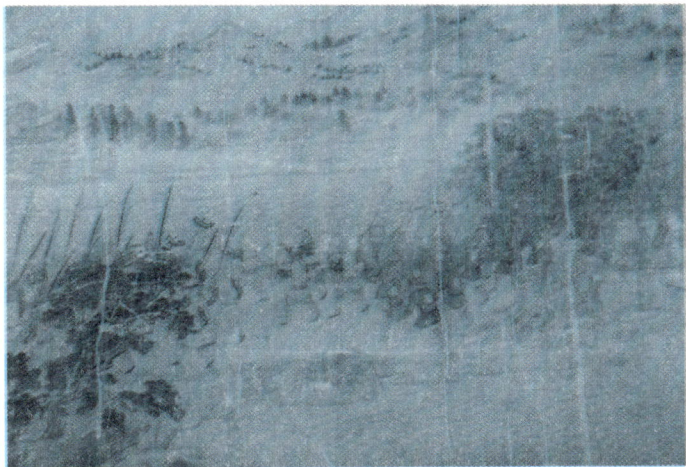

◀《抗倭图》局部，明朝军队与日本倭寇对阵

当他们的统帅丰臣秀吉病死后，他们立刻准备退兵，返回日本。

中朝联军探明了日军将要撤退的消息，中朝联军水师的主帅陈璘决定，在露梁以西的海域拦截日军。

11月19日，日军的500艘战船被中朝联军包围。联军有2.6万人、800艘战船，阵势浩大，惊心动魄。

副帅李舜臣一马当先率水军截住日军战船，激战就此开始。李舜臣在船上大声擂鼓，然后，指挥自己发明的龟船冲入敌阵。日军涌过来，将他重重围住。就在这危难之际，主帅陈璘及时赶到，经过力战，救出了李舜臣。

另一位副帅邓子龙，已经70岁，他一马当先，领着200人奋力作战。倭寇向他所在的战船集中射击，战船腾起大火，船体倾颓，邓子龙战死在火海中。

日军伤亡更甚，死尸层层叠叠地漂浮在海水中。有的倭寇还活着，他们从船上跌落水中，虽然没人击杀，却冻得瑟缩难言，眼睁睁地看着自己被遗弃，他们的眼中充满了绝望，最终魂归冰海。

残余的一部分日军抵挡不住逃上岸，躲到了乙山中。明军主帅陈璘不顾乙山陡峭险峻，带着军士夜闯乙山，将

日军所在的岩洞团团包围。天刚亮，陈遴就对岩洞进行炮火轰击。日军极度惊恐，纷纷逃到后山，凭借高地继续顽抗。陈遴穷追猛打，最终将日军全部消灭。

这是一场苦战，战后，陈遴的鬓发已经全部变白。当他得知李舜臣与邓子龙双双阵亡后，悲痛欲绝，从椅子上跌落了下来。

这次战斗，中朝军队大获全胜，击沉敌舰数百艘，全歼日本水军。日本陆军完全孤立，仓皇逃窜，勉强地撤回了日本。援朝抗日战争取得了彻底胜利。

此后的300年间，倭寇再也不敢西望，不敢生出入侵中国的念头。朝鲜也得以复国，东亚各国的政治军事力量得到了重组。

在历史上，一共发生了四次援朝战争，有三次是抗日援朝：唐朝抗日援朝、明朝抗日援朝、清朝抗日援朝；最

▼《抗倭图》局部，正在展开的水战

近一次是抗美援朝。在三次抗日援朝战争中，明朝抗日援朝战争最为辉煌。

扩展阅读

明朝"三大营"有五军营、三千营、神机营。五军营专门练阵法；三千营负责巡逻；神机营是火器部队；还有锦衣卫、金吾、羽林、虎贲等12侍卫亲军；武骧、腾骧等四卫营。

◎一个心眼的作战方略

公元1618年4月13日，努尔哈赤率军向明军发起进攻。

努尔哈赤亲自率领正黄、正红、镶红、镶蓝四旗攻打抚顺，抚顺很快失陷。努尔哈赤的金军继续挺进，一路上势不可挡，明军一触即破。

朝廷震骇，万历皇帝急得寝食难安。从各地征调的将士极不顺利，很多士兵伏地哀泣，不肯出关迎战，一些将领竟然在国难时期哭着恳请调任。在好一番折腾后，才算把出兵的事情定下来，里面有朝鲜增援的一万多人、叶赫族增援的2000人。

朝廷任命大将杨镐为辽东经略，率领10多万大军出关——对外宣称是47万，目的是威吓努尔哈赤。

杨镐制订了作战计划，分四路进攻金军：总兵刘继率兵走东面；总兵马林率兵走北面；杜松率兵走西面；李如柏率兵走南面。杨镐驻守沈阳，坐镇指挥。

但此事遭到泄密，身在抚顺的努尔哈赤迅速获知了情报，马上做出战略分析：明军有10多万人，他总共才有6万人，兵力上明显处于下风。但是，现在明军兵分四路，力量就削弱了。又因为明军远道而来，路途艰险，短时间内是到不了作战地点的，只有西路军可在两天以内到达，威胁最大，但西路军只有3万人。

于是，努尔哈赤决定："凭尔几路来，我只一路去。"集中6万兵力全部都去攻打西路军。

▼鹰隼般勇猛的清朝骑兵

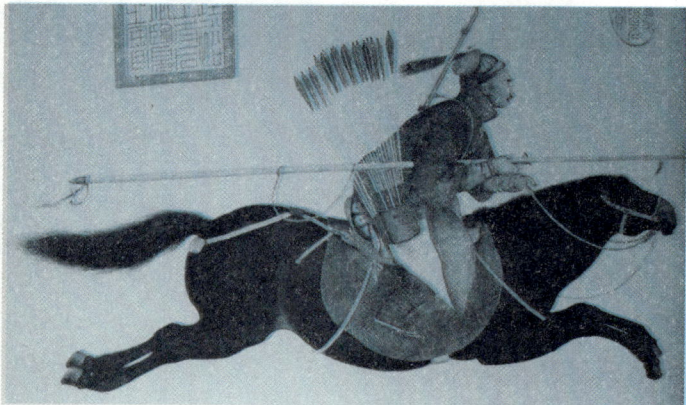

努尔哈赤的这个作战方略其实非常合理，因为金军借力于要隘、谷地、山壑，可以轻易打败西路军，然后再逐一攻打其他三路大军。

4月间，杜松率军到达萨尔浒。当得知努尔哈赤正派兵构筑界凡城后，便迫不及待地只带领一万人马去攻打界凡城。努尔哈赤派兵阻击，又亲自前去攻打萨尔浒。

开战不久，一直下着的雪突然停了，少顷便大雾漫天。此时能见度极低，看不清人影，加之空气潮湿，枪炮不易点燃，明军便点起火炬。这样却坏了大事——他们把自己暴露在了明处。

金军朝着火光射箭，明军大量中箭，死伤无数。

金军就这样神速地夺取了萨尔浒。明军逃往萨尔浒河西岸，最终被全部追杀。

杜松全军覆没，他也阵亡在厚厚的白雪中。

接着，马林率领的北路军抵达尚间崖。马林在那里扎营，但第二天便遭到了努尔哈赤的猛烈攻击。北路军也全军覆没。

刘綎率领的东路军在15日到达深河。金军一路骚扰，致使明军前进缓慢。16日，刘綎抵达阿布达里冈。而姜弘立率领的朝鲜兵也到达了达富察。

努尔哈赤集中了3万人马，埋伏在山谷中。刘綎带领明军一路行军，毫无察觉，根本不知道自己已经进入敌人的埋伏圈。刹那间，只见四下里突然冲出无数金兵，喊声震天。明军不知所措，慌乱之中，军队被拦腰冲断。金军冲闯不停，左突右杀，明军全无还手之力。刘綎拒不投降，战斗到力气衰竭而死。东路军也全军覆没了。而姜弘立遭遇金军时，立刻不战而降。

明军主帅杨镐坐镇沈阳，不知什么缘故，没有对四路军采取任何援助。

最后只剩下南路军幸免于难。杨镐命令李如柏带领南路军撤兵。李如柏接到命令后，急忙回撤。半路上，遇到

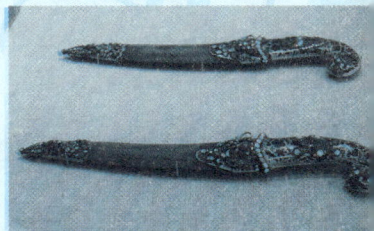

▲ 镶嵌宝石的清朝兵器

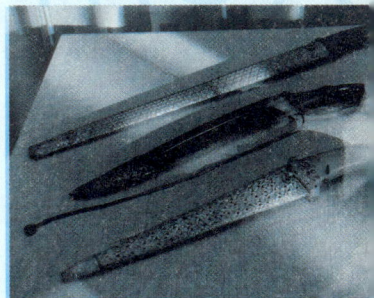

▲ 清朝华丽的黄金刀鞘

▲从马背上崛起的满族人非常重视马，图为清人骑马出行

一小队的金兵骚扰，成了惊弓之鸟，乱作一团。结果在逃跑中踩死踩伤1000多人。

努尔哈赤前后只用了5天，便消灭了明军的三路大军，大获全胜。

这就是萨尔浒战役，是历史上以少胜多的典型战例。它的特点是：集中优势兵力，利用地利优势，各个击破，速战速决。

努尔哈赤不愧是出色的军事家，他指挥的这次战役，是明、金战争史上的一个重大的转折点。这之后，明朝渐渐衰败，金国逐渐壮大。

扩展阅读

明朝朱宸濠造反，王守仁把几十万块免死牌放长江上游，让木牌流入朱宸濠军营。因手持木牌可免罪，许多兵士抢夺后逃跑。王守仁胜。传递木牌的方法被称为"水"电报。

◎ 古代大海战

荷兰殖民者占据台湾几十年，残酷剥削台湾民众，郑成功决心驱逐荷兰殖民者，收复台湾。

许多将领不赞成，因为荷兰人掌握着火炮，水路又很险恶。但郑成功毫不畏惧，力驳众议，坚持要赶走侵略者。

1661年4月，郑成功率领2.5万将士、几百艘战船，从金门抵达澎湖。当时，大雾浓重，弥漫天地，郑成功认为正好可以作为掩护，于是，他利用涨潮落潮的时间差，神不知鬼不觉地穿越鹿耳门，登陆台湾岛。

荷兰殖民者惊得目瞪口呆，万万没有想到，一向被他们认为是无法逾越的鹿耳门航道，竟然被郑成功轻而易举地穿过了。他们慌忙集结军队，准备迎战。

郑成功制订了作战方案，让将士们先攻打荷兰人的薄弱处，再强攻荷兰人防守严密的地方，并采取分割包围的方法，各个击破。

如此缜密的军事计划，让荷兰人防不胜防，慌乱中无有对策，最后只剩下了一座孤城。荷兰人困守孤城，誓死抵抗。

郑成功率军围困，一直围城8个月。荷兰人粮草短缺，只好展开激战。他们用"赫克托"号战舰对郑成功发起猛

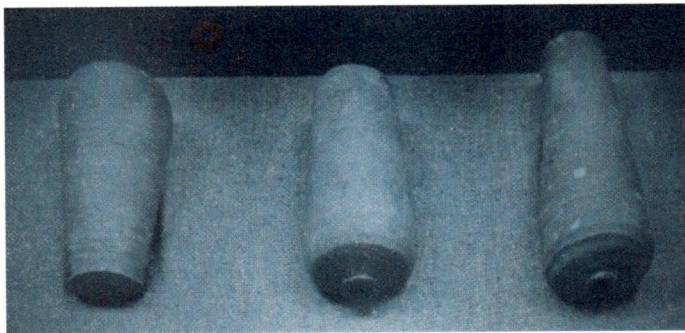

◀郑成功军中的炸药瓶

攻。郑成功则命令60多艘战船迅速将敌战舰团团包围。然后，他一声令下，战船上大炮齐鸣，炮弹纷落如雨，先后击中"赫克托"号，使它绝望地沉没大海。

残余的荷兰人走投无路，只能投降。被荷兰殖民者霸占了38年的台湾，终于被收复了。

郑成功为领土的完整，做出了巨大的贡献。郑成功病逝后，清朝统一了中国内地，唯有台湾尚游离于外。于是，康熙皇帝打算从郑氏手中收回台湾。

▼英雄郑成功

这一计划遭到很多大臣的反对，理由是，内地与台湾隔着浩瀚的大海，海洋险远，风涛莫测，若是长驱而战，会遇到许多难以预测的困难，恐怕不会取胜。

只有施琅支持康熙的决定。此前，施琅曾两次远航，试图收复台湾，但都因海洋气候恶劣而败归。有一次，他遇到飓风，暴雨倾盆，海浪翻滚，把战船颠簸得像树叶一样。许多战船被冲散，漂流到各个地方。过了很久，才都各自回到出发的港口。因此，大臣们见施琅还在主张收复台湾，纷纷反对。因为施琅说话口吃，结结巴巴，慢条斯理，大臣们又都嘲笑他。

尽管如此，施琅还是坚持自己的主张。在经过多次的表述后，康熙下令，命施琅收复台湾。

施琅对台湾的气候特征早已熟知，此前，他收集到很多气象情报，了解到台湾夏季闷热，而且雨水多，少有大的风浪，适合跨海作战。尤其是6月

份，在这样炎热的天气里出征，容易使敌方麻痹，是出击的最好时间。

于是，1683年6月，施琅带领大军出发了。

舰船航行到中途，将士们才知道这次出航的目的，他们原以为是演习。施琅之所以迟迟不告诉他们，是害怕泄露机密。

施琅向军官们宣布了作战任务，周密的作战计划便在战船上一一传达了。

由于郑氏丝毫没有觉察，施琅的军队很快便到达澎湖。郑氏直到这时才急忙整兵迎敌，但交战仅仅7天，郑氏军队便大败。又过了两个月，郑氏带领部下，打开城门投降。自此，台湾归清政府统辖。

孙子兵法上记载，在作战时，有五个因素必须要察：一是"道"；二是"天"；三是"地"；四是"将"；五是"法"。其中的"天"，就是指要详察气候情况，无论是阴晴、寒暑，还是四季节令的变更，都要掌握其规律。否则，就难以取胜。

施琅恰恰是因为详察了"天"，所以，才掌握了战争的主动权，实现了收复台湾的愿望。

▲郑成功作战时手持的藤条盾牌

扩展阅读

明清时，欧洲的火绳枪传入，因它可以射鸟，枪托又很像鸟的嘴巴，被称为鸟铳或鸟枪。明朝神机营改进了鸟铳，使它的性能更优越，成为明清军队的主要装备。

◎ 康熙的对俄反击战

　　在黑龙江北岸的雅克萨和尼布楚，草木苍绿，冷水深流，土地壮美。然而，在康熙皇帝执政期间，沙俄远征军却屡次侵犯雅克萨和尼布楚一带。居民受到杀戮，财物遭到抢劫，山水被踩躏、破坏，领土就要被分裂。

　　康熙十分愤慨，他派使臣前去与沙俄交涉。但反复谈判多次，沙俄都不予理睬。在这样的情况下，康熙决定用武力解决。

　　康熙帝秘密下诏，让100多名将士以捕鹿为名，悄悄渡过黑龙江，去侦察雅克萨一带的敌情和沙俄所占的地形等；同时，断绝与沙俄进行边境贸易，并紧急设立驿站19个；且加紧造船，以保证战争开始后由松花江、黑龙江及时把军粮运抵前线。

▼ 正襟危坐的康熙皇帝

　　一个阴冷的9月，康熙又派使臣去见沙俄，与他们理论、交涉，督促他们立刻撤离雅克萨等地，不要侵占别国领土。沙俄对清廷的警告置之不理，依旧恣肆横行，我行我素。

　　1685年4月，康熙下令出兵。大将彭春统率3000人，从瑷珲出发，水陆并进，日夜兼程，于5月22日抵达雅克萨城下。

　　彭春秉承康熙的指令，在到达雅克萨后，并未首先发动攻击，而是再次对沙俄将军托尔布津发出口头和书面通牒，让沙俄即刻撤离雅克萨。托尔布津表现傲慢、不屑，压根不听。

　　托尔布津以为，雅克萨城很坚固，他又有兵卒450人，有大炮3门，还有鸟枪300支，火力强劲，彭春拿他没有办法，即便彭春与他对抗，也不能取胜。

次日，彭春指挥清军从水陆两方面对俄军发起攻击。俄军以大炮为掩体，顽固抵抗。

彭春不动声色。25日黎明时分，彭春突然带领清军对俄军进行猛烈的炮击。密集的炮弹仿佛从天而降，到处都是爆裂声和刺眼的火光。俄军招架不住，伤亡惨重。

▲镶黄旗旗帜与金黄色盔甲

托尔布津大吃一惊，但束手无策。万般无奈之下，他派出使者，向彭春议和，并请求让他们保留武装，撤出雅克萨。

彭春宽容地同意了。

俄军在残余的硝烟中，没精打采地离开雅克萨。

然而，这只是俄军的缓兵之计，这些侵略者并没有就此罢休。秋天来临时，沙俄国内突然涌来600名士卒，径直奔赴尼布楚，以尼布楚为大本营继续行侵略之事。

康熙皇帝没有想到沙俄竟会如此厚颜无耻，已经把临近的雅克萨守军撤离。结果，托尔布津率领沙俄又去攻打雅克萨，抢占了雅克萨。

十万火急，康熙赶紧派2000多兵马返回雅克萨城。清兵即刻行军，闪电般地赶到雅克萨，把雅克萨城围了个水泄不通。

这一次，依旧是先礼后兵。清军严厉地斥责沙俄的侵略行径，严厉要求沙俄撤军。托尔布津再次置之不理。

8月，清军在备战后，对雅克萨发起了猛攻。交战不久，托尔布津就被击毙。

但托尔布津的副手顶替了他的位置，继续指挥沙俄负隅顽抗。清军三面围攻，切断了沙俄的对外联络。俄军处

▲ 正蓝旗旗帜与金黄色盔甲

境艰难，近千人的兵力，最后只剩下几十个人。

沙俄终于坚守不下去了，厚着脸皮请求和谈。

1689年9月7日，中俄双方签订条约，规定：以外兴安岭至海格尔必齐河和额尔古纳河一带，作为中俄两国的东段边界；黑龙江以北、外兴安岭以南和乌苏里江以东地区，都是清朝领土，不得侵犯。

这就是著名的《中俄尼布楚条约》，也是中国历史上第一个平等的条约。

雅克萨之战，在军事上最大的特点是：军事斗争与外交斗争相结合、相配合，虽然是你死我活的战争，但进行得有理、有礼，是在多次交涉无效后，才最终使用的武力，使战争的正义性得到彰显。

扩展阅读

八旗兵、绿营兵是清朝的正规军：经制兵。八旗兵曾为清朝开辟立功，地位较高，但清后期逐渐腐败。绿营便取代八旗兵，成为军事行动的主力。结果绿营兵也因待遇提升而腐化，最终丧失战斗力。